How to build MLM leaders for fun & profit

리더들은 뛰어난 리더가 누구인지 알고 있다

톰 슈레이터 지음 | 권지은 옮김

Big Al's How to Build MLM Leaders For Fun & Profit

How to build MLM leaders for fun & profit

리더들은 뛰어난 리더가 누구인지 알고 있다

리더들은 뛰어난 리더가 누구인지 알고 있다

....

1판 1쇄 인쇄/2002년 12월 15일
1판 1쇄 발행/2002년 12월 20일

지은이/톰 슈레이터
옮긴이/권지은
발행인/박창조
발행처/아름다운사회

등록일자/1995년 7월 19일
등록번호/제5-180호

경기도 하남시 감북동 125(465-180)
대표전화/((02)488-4638 팩시밀리/(02)488-4639
홈페이지/http://www.bizbooks.co.kr
E-mail/bizbooks@naver.com

ISBN 89-89724-54-6(03320)

값 6,000원

잘못된 책은 교환해 드립니다.

차례

뛰어난 리더가 그룹의 성장을 좌우한다

네트워크 마케팅 비즈니스에서 수입 창출은 일시적으로 스쳐 지나가는 사업자의 수가 아니라, 그룹 내 리더의 수에 달려있습니다.

한 그룹 내에서도 네트워크 마케팅 사업자의 수는 끊임없이 바뀌며, 매번 일정한 사람들이 소속되어 있는 것이 아니고 그 대상이 지속적으로 변합니다. 따라서 무엇보다 중요한 문제는 당신의 그룹에 존재하는 리더의 수입니다.

그렇다면 한 그룹이 재정적으로 성공하기 위해서는 리더가 몇명이나 있어야 할까요? 단 몇 사람의 리더만으로도 충분합니다. 실제로 안목이 있는 네트워크 사업자들은 자신의 라인 내에 단지 몇 사람의 뛰어나고 생산적인 리더를 배출해냄으로써 매달 5,000달러, 10,000달러, 15,000달러의 수입 및 보너스 커미션을 얻고 있습니다.

다음 방법 중에서 당신은 어느 쪽을 선택하겠습니까?

결론은 뻔하지 않습니까?

우선 한 명의 가능성이 있는 리더를 물색한 뒤, 당신의 라인에 참여시켜 트레이닝 하십시오.

영토를 넓히고자 하는 야망을 불태우던 고대의 어느 왕은 이렇게 말했습니다.

"10만의 군사를 잃는다 해도 그것은 커다란 문제가 되지 않는다. 뛰어난 10명의 리더가 있는 한, 군사들은 빠른 시일 내에 모집하여 다시 키울 수 있다. 그러나 만약 10명의 리더를 잃는다면 10만의 군사들은 그 가치를 잃고 금방 패전하고 말 것이다."

올바른 리더를 확보하는 것은 이처럼 중요한 일입니다.

네트워크 마케팅에서 성공한 현명한 사업자들의 성공 비결은 자신의 다운라인으로 진정한 리더들을 배출해냈다는 것입니다.

일단 다운라인으로 진정한 리더를 배출하고 나면 사업은 그 파트너십에 의해 안정적이고 빠르게 성장합니다. 더불어 즐겁고 편안하게 사업을 전개할 수 있습니다.

예를 들어 네트워크 마케팅의 성공자는 하와이로 휴가를 갈 때도 매주 열리는 찬스미팅(opportunity meeting)에 대해 걱정할 필요가 없습니다.

왜냐하면 그의 그룹에 있는 리더 중의 한 명이 책임지고 미팅을 주관하고 그룹을 관리하는 등 모든 일을 할 것이기 때문입니다.

그 리더에게 있어 하와이에 있는 자신의 업 라인이 그 모임에 참석할 것인가 아닌가의 여부는 그다지 중요치 않습니다. 이 리더는 개인적으로 리더의 자질과 자세를 갖추고 있기 때문입니다.

따라서 그는 업 라인으로부터 질책을 듣지 않을 것이며, 이미 충분한 동기부여가 된 상태입니다. 사실 액티브 한 리더들은 이러한 기회를 잘 살려 자신이 일을 책임감 있고 효율적으로 진행시킬 수 있는 능력과 자질을 갖추고 있다는 것을 확인하고 싶어합니다.

만약 당신의 다운라인에 능력 있고 믿을 만한 리더가 아니라 아직도 당신의 지원을 절실히 필요로 하는 사업자들만 있다고 가정해봅시다.

그러면 하와이에 휴가를 가 있을지라도 여러 가지 위기상황들을 해결하기 위해, 제품 교육 내용을 체크하기 위해, 모임에 참석하는 사람들의 규모를 적절히 유지하기 위해 그리고 찬스미팅이 너무 일방적으로 흐르지 않도록 조절하기 위해 매일 전화를 붙들고 살아야 합니다.

당신 그룹 내에 뛰어난 리더가 한 명도 없다면 당신은 절대로 느긋하게 휴식을 취할 수 없습니다.

이로서 사업을 확장하고 그룹을 안정적으로 운영하기 위해서는 사업 능력과 탁월한 리더십을 갖추고 있는 진정한 리더가 반드시 필요하다는 점을 확실히 알게 됐을 것입니다.

그렇다면 어떻게 해야 자신의 그룹에 훌륭한 리더들이 참여 할까요?

첫 번째 방법은 이미 많은 사람들이 그 능력을 인정한 리더를 찾아 당신의 그룹에 합류하도록 설득하는 것입니다.

이것은 당신이 그토록 원하는 리더를 빨리 얻을 수 있는 쉽고도 간단한 방법입니다.

하지만 이 방법에는 한 가지 문제점이 있습니다.

우리가 가끔 농담처럼 하는 말 중에 이런 것이 있습니다. "남의 아내를 탐하지 말라. 만약 어떤 여성이 남편을 속이고 당신과 바람을 피운 후 결국 당신과 재혼을 했다면, 다음 번에는 당신이 그 여성의 전 남편과 같은 처지가 될 수도 있다. 다시 말해 똑같은 상황이 연출되지 않으리라는 보장이 없다."

만약 당신이 사업을 쉽게 하기 위해 이미 성공한 리더를 당신의 다운라인으로 끌어들인다면, 결국 당신의 라인은 더 나은 조건이 생긴다면 언제든지 쉽게 당신 곁을 떠날 수 있는 리더들로만 채워지게 됩니다.

이것은 절대로 편안하고 안정된 방법이라 할 수 없습니다.

두 번째 방법은 스스로 리더를 길러내는 것입니다.

성공을 향한 굳은 의지가 있는 사람을 선별하여 그에게 필요한 노하우들을 알려주고 성공적인 리더로 성장하도록 지원하는 것입니다. 그러기 위해서는 반드시 당신의 시간과 노력을 투자해야 합니다.

리더 교육은 결코 하루아침에 이루어지는 일이 아닙니다.

어떤 경우에는 당신이 선별한 리더 후보가 성공적인 리더가 되기에 자질이나 의지가 많이 부족하다는 사실을 뒤늦게

깨달을 수도 있습니다. 그러므로 한 명의 성공적인 리더를 얻기 위해서는 여러 명의 후보자들에게 투자해야 합니다.

그러면 어떻게 해야 성공적인 리더를 배출할 수 있을까요? 그 해답은 바로 '헌신하라' 입니다.

여기 매년 한 명씩의 성공적인 리더를 배출하는 사람이 있습니다.

첫째, 그는 믿을 수 없을 정도로 의지가 강한 사람을 선별합니다. 특별한 기술도 없고 아직 시스템에 익숙하지도 않으며 완성을 위해서는 아직 갈 길이 멀지라도 개의치 않습니다. 중요한 것은 그 사람의 의지입니다.

둘째, 그는 자신이 이끄는 사업자들에게 오랫동안 헌신적인 노력을 기울입니다. 또한 그 사업자들이 스스로 사업의 비전을 느낄 수 있도록 도와주고 동시에 그가 그 사업자에게 거는 기대와 투자, 헌신에 대해 충분히 설명합니다. 그리고 그를 따르고 복제하는 사업자들은 대부분 성공적인 리더가 되어 재정적 • 시간적 부를 누립니다.

셋째, 본격적으로 사업을 시작합니다. 네트워크 마케팅의 리더는 늘 사업자와 함께 일을 하게 됩니다. 그들은 사업설명을 같이 준비하고 또한 찬스미팅에서 각자 해야 할 일을 분담합니다. 거의 6개월 동안 이들 둘은 몸이 붙어 있는 샴

쌍둥이(역주 : 샴쌍둥이(siamese twins) 신체의 일부가 결합되어 있는 쌍둥이)처럼 언제나 함께 일을 하며 같이 다니게 됩니다.

6개월이 끝날 무렵, 트레이닝을 받은 사업자는 업 라인 리더가 알고 있는 모든 것을 배우게 되며 또한 업 라인에게서 배운 정보와 지식 이외에 사업자 스스로의 재능으로 사업의 전문적 지식과 기술도 터득하게 됩니다.

다시 말해 사업자는 업 라인 리더로부터 배운 지식에 자신이 기존에 알고 있던 것과 새롭게 알게 된 정보들이 더해져 더욱더 많은 것을 알게 되는 것입니다. 결국 스승을 능가하는 새로운 리더가 탄생하는 것입니다.

만약 당신의 다운라인 리더가 당신보다 더 많은 지식이나 기술, 재능 등을 자랑하는 훌륭한 리더가 된다면, 당신의 기분은 어떨까요? 이것은 개인적으로 매우 기쁜 일이 될 것이며, 동시에 그룹 전체의 이윤창출에도 많은 도움이 될 것입니다.

혹시 당신의 그룹에 당신보다 능력이 뛰어난 리더가 10명 있다면, 당신은 경제적 • 시간적 자유에 대해 자신감을 가져도 좋습니다.

일단 1단계 리더를 배출한 후에는 새로운 수의 리더를 복제하는 것이 전보다 쉬워집니다.

당신이 다운라인으로 맞이한 첫 번째 리더에게 6개월(혹은 1년)을 투자한 다음에는 두 번째 리더를 후원할 수 있습니다. 동시에 당신의 첫 번째 리더 역시 다른 리더를 발굴할 것입니다. 만약 당신이 올바른 방법으로 그를 가르쳤다면, 당신의 첫 번째 리더는 비록 느리지만 확실한 성공을 보장하는 당신의 트레이닝 방법과 정보 전달 기술을 그대로 따를 것입니다.

물론 당신의 다운라인 중 첫 번째 리더가 발굴한 리더들이 당신이 직접 교육한 리더들보다 더 뛰어날 수도 있습니다. 왜냐하면 이들 2단계 리더들은 당신이 아는 모든 것에 더하여 당신의 다운라인 중첫 번째 리더가 가르친 모든 것, 그리고 그들 스스로가 이미 지니고 있던 다른 재능 및 지식 그리고 기술들을 섭렵하고 있기 때문입니다.

이것은 매우 강력한 원리입니다. 이 원리를 통해 우리는 차세대의 초인적인 리더를 육성할 수 있습니다. 그리고 이 원리에 따라 배출한 리더들은 매우 뛰어난 성공을 거머쥘 수 있는 무한한 에너지, 그 자체입니다. 따라서 이들을 통해 그룹의 성장 가능성은 매우 높으며, 한 차원 높은 시스템으로의 발전을 기할 수 있습니다.

이처럼 한 사람의 성공자로부터 시작한 '리더 복제'가 커다란 효과를 발휘하는 이유는 무엇일까요? 그것은 시스템이 지속적이고 반영구적인 복제가 가능하기 때문입니다.

올바른 시스템에 의한 리더 복제가 성공을 거두면, 주변에는 당신의 트레이닝을 받고자하는 좋은 리더 후보자들이 자연스레 모이기 마련이며, 당신은 성공자로서의 자신감을 얻게 됩니다. 즉, 두 마리 토끼를 한꺼번에 잡을 수 있는 것입니다.

하지만 그러기 위해서는 올바른 시스템에 의한 복제 원리를 이용하는 것이 선행되어야 합니다.

예를 들어 당신의 한 라인에 10명의 사업자들이 있다고 가정해 봅시다.

어느 날, 당신은 그동안 헌신적으로 일해 온 사업자 존이 당신을 대신할 정도의 리더라고 말합니다. 그리고 다른 9명의 사업자들도 존의 헌신성과 열정을 인정하고 있기 때문에 고개를 끄덕이며 동의를 했고 '잘 됐다'며 격려를 해줍니다.

이제 존과 당신은 앞으로 6개월 동안 리더십 트레이닝의 파트너로써 함께 사업을 진행하게 될 것입니다. 그리고 나머지 9명은 앞으로 당신이 할애할 수 있는 시간의 80%를 존과 함께 보낼 것이며, 남은 20%만이 덜 헌신적인 그들의 몫이라는 것을 잘 이해하고 있습니다.

6개월이 지난 후, 이 그룹이 어떻게 변할 것인지 상상해 보십시오.

그동안 나머지 9명은 존이 성공을 거두는 모습을 직접 지켜보았습니다. 그의 보너스는 하늘 높은 줄 모르고 치솟았고 그의 라이프스타일과 생활태도는 완전히 달라졌습니다. 그리하여 나머지 9명은 당신이 일단 리더 후보를 지목하여 트레이닝을 하면 그 사람은 성공에 도달하게 된다는 것을 깨닫게 됩니다.

그렇다면 그들의 반응은 어떨까요?

아마도 "다음은 저요! 다음은 저요! 전 이미 리더가 될 준비가 되어 있다고요! 제발 저를 두 번째 리더 후보로 선택해 주세요!"라고 소리 높여 외칠 것입니다.

이제 당신은 더 이상 리더 후보를 물색하기 위해 애쓸 필요가 없습니다. 당신이 한 번만 리더를 제대로 육성한다면 후보자들은 셀 수 없을 정도로 늘어나게 됩니다. 이러한 방법은 그다지 의욕이 없는 사람들에게 네트워크 마케팅 시스템에 참여하라고 설득하는 것보다 훨씬 낫습니다.

만약 당신이 올바르게 리더를 트레이닝 하는 방법을 알고 있으며 이미 그 방법의 효과를 보았다면, 네트워크 마케팅 사업에서 성공할 수 있는 커다란 가능성을 확보한 셈이 됩니다. 이제 당신은 리더가 될만한 두 번째 사업자를 선별해 리더 트레이닝 프로그램에 참여하도록 돕기만 하면 됩니다.

지속적이고 꾸준히 높은 액수의 보너스를 얻으려면 진정한 리더 배출에 당신의 노력과 시간을 투자하십시오.

이러한 노력은 당신의 그룹을 탄탄하게 만들어 줄 것이며 재정과 시간의 자유 이외에 포괄적인 인생의 파트너와의 만남이라는 더 큰 행복을 선물할 것입니다.

9만3천 달러 상당의 리크루팅 시스템

최고의 네트워크 마케팅 사업설명 능력을 보유한 사람은 누구일까요?

자다가도 벌떡 일어나 전문적인 사업설명을 할 수 있을 것 같은 사람은 누구일까요?

모든 예비사업자들의 질문에 대답할 수 있는 사람은 누구일까요?

네트워크 마케팅의 프로는 누구나 그렇게 할 수 있습니다. 그들은 모든 것을 알고 있는 경험 많은 사람들입니다. 또한 사업설명에 필요한 모든 종류의 정보와 기술을 완벽히 소화하고 있습니다. 그리고 그들의 주변에는 경험이 풍부한 리더들로 구성된 팀이 있습니다.

그렇다면 경험이 거의 없는 신규사업자가 어떻게 오랜 경력을 지닌 프로와 보조를 맞출 수 있는 것일까요?

이것은 참으로 불가사의한 일입니다.

실제로 경험이 거의 없는 신규사업자가 찬스미팅에 참석한 이후, 매우 열정적으로 열 명 내지 스무 명의 새로운 사업자를 네트워크 마케팅 사업에 참여시켰던 사례는 많이 있습니다.

그렇다고 경험 많은 프로 사업자가 신규사업자에게 사람을 소개하거나 보조한 것은 아닙니다.

다만, 경험이 풍부한 사업자는 자신이 지닌 기술 및 경험을 지원하고 신규사업자는 더 많은 예비사업자들을 자신의 다운라인으로 참여시키고자 하는 넘치는 열정이 있었던 것입니다.

이 불가사의에 대한 해답은 **"믿음"**과 **"원동력"**에 있습니다.

믿음

경험이 많은 프로는 네트워크 마케팅 사업 세계를 잘 알고 있습니다. 그들은 네트워크 마케팅 사업에서 성공하는 사람들을 많이 봤지만 동시에 많은 사람들이 실패하는 것도 봤습니다.

따라서 원한다고 하여 누구나 성공하는 것이 아니라는 점을 그 누구보다 잘 알고 있으며, 이러한 믿음은 그가 하는 사업설명 속에 잘 나타나 있습니다.

신규사업자는 네트워크 마케팅 사업이 다른 그 무엇보다 훌륭한 비즈니스 기회라는 사실을 충분히 인지하고 있습니다. 그리하여 타오르는 열정으로 자신이 갖추지 못한 기술이나 사업설명의 능력, 지식의 열세를 극복할 수 있습니다. 신규사업자에게는 사업에 대한 무한한 믿음이 있는 것입니다.

사람들은 충분한 지식을 보유하고 있는 로켓 과학자를 따를까요? 아니면 비록 지식은 떨어질지라도 카리스마와 열정이 있으며 미래에 대한 비전과 누구도 꺾지 못할 믿음이 있는 사람을 따를까요? 미국에서는 누구도 로켓 과학자를 대통령으로 선출하지는 않았지만, 그 대신 열정과 믿음이 강한 배우를 대통령으로 선출한 적은 있습니다.

이걸로 충분히 설명이 되었나요?

원동력

매일 두 배로 늘어나는 '1페니(역주 : 페니(penny) - 미국의 화폐단위로써, 100분의 1달러만큼의 가치를 지님)'의 이야기를 알고 있습니까? 비록 1페니로 출발할지라도 그것이 매일 두 배로 늘어난다면 한 달 후, 당신은 부자가 될 것입니다. 1페니를 두배로 늘릴 수 있는 능력이 바로 원동력입니다.

당신의 주위 사람들 중에서 한 달 동안 1페니를 두 배로 늘린 사람은 몇명이나 됩니까? 아무도 없다고요? 왜 그렇죠?

사실, 시간이 흐를수록 원동력의 힘은 점점 감소합니다. 다시 말해 원동력은 매일 조금씩 그 속도가 줄어듭니다.

만약 박테리아가 몇 시간마다 두 배로 번식한다면, 몇 주 내로 세상은 하나의 거대한 세균이 서식하는 호텔로 변할 것입니다. 만약 최초에 네트워크 마케팅 사업을 시작했던 각각의 사업자들이 매주 그룹을 두 배로 늘렸다면 중국, 러시아, 인도의 모든 사람들은 지금쯤 서로에게 네트워크 마케팅과 관계가 있는 제품을 권유하고 있을 것입니다.

무엇보다 중요한 것은 한 조직이 오래 존속할수록 그 조직의 성장은 점점 느려진다는 사실입니다. 따라서 프로가 속해 있는 그룹은 원동력의 주기로 볼 때, 거의 막바지 단계에 이르러 있다고 볼 수 있습니다. 그렇지만 희망적인 사실은 이러한 침체를 상쇄할 만큼 충분한 신규사업자들이 존재한다는 점입니다.

신규사업자들은 원동력의 주기에서 볼 때, 초기단계에 해당합니다. 이것은 미국의 개척시대에 모든 사람들이 황금을 캐내기 위해 너도나도 서부로 향했던 것과 같은 이치입니다. 이러한 참여 열기는 전염성이 매우 강하기 때문에 새로운 예비사업자들은 이 열병을 앓게 됩니다.

그러면 라인을 빠르게 건설하기 위해 9만3천 달러 상당의 리크루팅 시스템과 원동력, 그리고 믿음을 어떻게 사용해야 할까요?

첫째, 빅 알의 저서인 『타성에 젖어있는 그룹을 위한 파워 네트워킹(How to Create A Recruiting Explosion)』에서 소개한 「뎁스」 편을 읽어보는 것입니다. 이것은 원동력을 창조할 수 있는 가장 확실한 방법입니다.

당신이 그룹에 속한 신규사업자들을 보조하는 동안, 사람들은 보다 빨리 참여하는 것이 이득이라는 사실을 알고 있기 때문에 서둘러 프로그램에 참여하려 합니다. 또한 '뎁스 기술'을 사용하면 업 라인과의 파트너십이 더욱더 공고해지며 그 결과, 사업자의 탈퇴 혹은 이직률이 현저히 줄어듭니다.

뎁스 기술은 탄력적이고 활발하게 움직이는 라인을 구축하는데 있어서 가장 강력한 도구 중의 하나입니다.

그렇다면 9만3천 달러 상당의 후원 시스템을 창조하기 위해서는 사람들에게 어느 정도로 강한 믿음을 심어주어야 할까요?

신규사업자들은 그들이 실패하지 않을 것이라고 믿을 경

우, 기적을 만들어내기도 합니다. 그리고 리더들은 그들에게 아낌없는 지원을 함으로써 신뢰감을 형성할 수 있습니다.

다음은 신규사업자에게 보장된 성공을 제시하는 방법입니다.

"존, 당신의 스폰서인 나는 당신을 위해 전적으로 도움을 줄 건입니다. 나는 당신을 도와 당신이 그룹을 빠른 시일 안에 구축할수 있도록 협력할 용의가 있어요. 나는 밤낮을 가리지 않고 언제든 당신을 도와 사업설명을 함께 할 건입니다. 그리고 가능한 모든 시간을 동원해 당신의 다운라인을 위해 사업설명과 미팅을 주선하겠습니다. 만약 당신이 성공을 위해 전적으로 헌신한다면, 나는 당신이 성공할 때까지 최선을 다해 당신을 도울 건입니다."

당신이 이렇게 말한다면 당신의 신규사업자는 뭐라고 대답할까요? 그는 앞으로 자신의 성공은 보장된 것이나 다름없다고 믿을 것입니다. 왜냐하면 당신처럼 경험 많은 업 라인의 도움을 받고도 실패할 확률은 매우 적으니까요. 그는 자신이 성공할 때까지 당신이 그를 도와줄 것임을 잘 알고 있습니다.

이제 그의 열정을 지켜보십시오.

그의 그룹은 빠르게 성장할 것입니다.

게다가 당신과 더불어 당신의 라인에 참여한 다른 리더들이 그 신규사업자를 도울 경우, 그의 믿음은 더욱더 강해질 수 있습니다. 예를 들어 당신이 많은 시간을 투자하여 헌신적으로 신규사업자를 돕겠다는 의지를 보인 후, 다음과 같이 말한다면 신규사업자의 열정과 의지는 더욱더 굳어질 것입니다.

"이것이 전부가 아닙니다. 나의 스폰서 중 한 분이 당신의 라인 구축을 돕기 위해 일주일에 이틀을 할애할 것입니다. 그는 미팅 전문가이며 또한 동기부여를 하는데에 특별한 재능이 있습니다.

이것은 곧 당신의 라인에 더 많은 신규사업자가 참여하게 될 것임을 의미합니다. 이미 나의 스폰서는 개인적으로 두 명의 신규사업자를 당신의 그룹에 참여시키기로 약속했습니다. 내가 당신을 헌신적으로 지원하고 내 스폰서가 매주 이틀 동안 도와주며 내 스폰서의 스폰서 역시 당신을 도와줄 것이므로 결국 우리가 힘을 합친다면 사업은 크게 성공할 것입니다."

이 경우, 당신의 신규사업자는 헌신과 열정을 느끼는 동시에 자신이 반드시 성공할 것임을 믿게 될 것입니다. 사람들이 자신의 목표에 도달할 수 있도록 돕는 것보다 더 나은 원동력은 없습니다.

이러한 시스템을 9만3천 달러 혹은 그 이상의 가치로 변환하는 방법은 무엇일까요?

다음과 같은 현실을 한 번 고려해 보십시오.

대부분의 리더들은 최소한의 노력만 투자하고 있습니다. 그러면서도 그들은 매우 성급하게 최고 수준에 도달하려 합니다. 그 결과 그들은 쉽게 사업 자체를 포기해버리고 맙니다. 결국 그렇게 무너진 그룹을 나중에 다시 일으켜 세우는 데 많은 시간이 들어가게 됩니다.

예를 들어 당신의 목표가 신규사업자 네 명을 'Big Time Leader' 수준으로 끌어올리는 것이라 가정해 봅시다. 여기서 'Big Time Leader' 라는 위치는 '한 달 동안 자신의 라인에 20명의 다운라인 사업자를 참여시키고, 2,000달러 이상의 제품사용실적을 기록한 리더를 뜻한다.' 라고 가정합시다.

이때, 많은 리더들이 네 명의 사업자를 보조하며 이들 네 명 모두와 함께 일합니다. 그렇게 1년이 지나면 아마도 이 신규사업자들은 리더 수준으로 올라갈 테지만, 적어도 이들 중 두세명이 속한 그룹은 그 힘이 매우 약할 것입니다.

앞서 활용한 방법과 다음에 제시하는 방법을 비교해 보십시오.

만약 당신이 신규사업자 단 한 명을 후원하면서 이렇게 말했다고 가정해 봅시다.

. . . .

"리더가 되기를 원한다면 나는 당신이 리더 수준에 도달할 때까지 나는 전적으로 당신을 도울 겁입니다. 당신이 사업설명을 실시할 때마다 나는 그것을 도와줄 겁이며 내가 만나는 예비사업자들 중 내 손길이 닿지 않은 몇몇 사람을 당신의 다운라인으로 참여할 수 있도록 도울 겁입니다 또한 내 스폰서도 당신을 위해 여러 가지 일들을 해줄 겁입니다. 그리고 내 스폰서의 스폰서 역시 이런저런 일들을 해줄 겁입니다."

. . . .

그러면 어떤 일이 생길까요?

당신과 당신의 스폰서, 또 그의 스폰서들의 도움을 모두 합칠 경우, 신규사업자를 30일 이내에 'Big Time Leader' 수준으로 만드는 것이 가능할까요?

물론 가능합니다!

어쩌면 신규사업자는 1주일만에 그 수준에 도달할지도 모릅니다.

그렇다면 이런 결과가 당신의 그룹에 어떠한 영향을 미칠까요? 당신의 그룹에는 매달 한 명씩 새로운 리더가 탄생합니다. 그러면 1년이 지난 후에 당신은 12명의 능력 있는 리더를 보유하고 있는 그룹의 총 리더가 될 것입니다.

이것이 바로 9만3천 달러의 가치를 지닌 시스템입니다.

한꺼번에 여러 사람을 독립적인 리더로 길러내려는 생각은 접고, 여러 리더가 한 번에 한 사람씩 진정한 리더를 배출하는 방법을 사용하십시오. 그것은 더욱 탄탄한 그룹의 구축에 충분한 도움이 될 것입니다.

네트워크 마케팅도 위기관리가 필수다

　그렇지 않다면 가장 좋겠지만, 올해 당신이 참여하고 있는 네트워크 마케팅 회사에 적어도 한 가지 이상의 안 좋은 일이 발생할지도 모릅니다. 물론 그것은 커다란 문제가 아닙니다.

　비단 네트워크 마케팅 사업 방식을 따르는 회사뿐만 아니라 그 어떤 회사라도 마치 기적처럼 좋은 소식이나 행운이 따르는 일만을 경험할 수는 없는 노릇입니다. 왜냐하면 어떤 기업이든 온갖 위험요소와 위기상황에 항상 노출되어 있기 때문입니다.

　네트워크 사업자들은 자신이 참여하고 있는 회사가 영원히 행운만 얻기를 바라고 있지만, 때로는 누군가가 그 꿈에 나쁜 영향을 주기 위해 침입하기도 합니다.

　예를 들어 당신이 참여한 네트워크 마케팅 회사가 당신 그룹이 가장 선호하는 제품의 판매를 중지하거나 혹은 재고가 없어 주문을 뒤로 미룰 수도 있습니다. 아니면 별 볼 일 없는 지역신문에서 당신 회사의 사장이 사실은 머리가 두 개 달린 외계인이며 비밀리에 동물을 제물로 바치는 의식을 거행하고 있다는 기사를 실을 수도 있습니다. 혹은 불만으로 가득 찬 다운라인 사업자들이 그들 고유의 네트워크 마케팅 회사를 설립하여 당신의 그룹과 회사를 위협할 수도 있습니다.

또한 수 천 개의 제품 주문 중에서 당신이 속한 네트워크 마케팅 회사가 누군가의 주문에 대해 중대한 실수를 할 수도 있습니다.

당신이 참여한 네트워크 마케팅 회사에서 간혹 문제가 발생할 경우, 어떠한 상황이 연출될까요?

그룹 리더들을 잃게 될까요? 다운라인 사업자의 불만을 달래기 위해 몇 시간씩 전화를 붙잡고 있어야 할까요? 아니면 걱정하고 사과하고 동정하느라 꼬박 밤을 새야 할까요?

절대 그렇지 않습니다.

당신은 발생 가능한 문제에 대한 해결책을 미리 준비할 수 있습니다. 사실, 당신이 참여한 네트워크 마케팅 회사, 당신의 업 라인 혹은 다운라인은 여러 가지 문제를 지니고 있을 것입니다.

인생이란 실수와 실패 그리고 행복과 꿈의 조각들을 맞춰 놓은 하나의 커다란 퍼즐입니다. 그리고 사람들은 누구나 크고 작은 실패와 성공을 반복하며 살아갑니다. 이 원리는 기업에도 적용됩니다. 아무리 세계 굴지의 기업이라 해도 여러 가지 위기에서 완벽하게 자유롭지는 않습니다.

만약 당신이 참여한 네트워크 마케팅 회사에 아무런 문제도 발생하지 않을 것이라 믿고 있다면, 그 환상은 얼마 지나지 않아 깨지고 말 것입니다.

나쁜 소식이나 이월주문, 각종 업무상의 실수, 상한 감정, 전화를 건 사람을 혼동하거나 혹은 다시 전화하는 것을 잊는 것 등의 문제가 발생할 가능성에 대비해 당신의 리더들을 어떻게 준비시켜야 할까요?

그 답은 간단합니다.

그들에게 미리 사실대로 이야기하십시오.

당신은 다음과 같이 이야기할 수 있습니다.

. . . .

"존, 네트워크를 구축하는 일에 몸과 마음을 바쳐 헌신하기 전에 몇 가지 알아둬야 할 사항이 있어요. 첫째, 우리 회사는 완벽하지 않아요. 그렇기 때문에 앞으로 몇 가지 문제가 발생할 수도 있어요. 최악의 사실은 우리 회사 역시 사람이 운영한다는 점입니다. 그리고 사람은 언제든 실수할 수도 있습니다. 하지만 좋은 소식은 우리 회사는 간혹 발생하는 여러 가지 문제점들을 해결하기 위해 최선의 노력을 기울인다는 점입니다. 이제 이 사업이 100% 문제가 없는 사업이 아니라는 점을 알았다면 네트워크 구축을 위해 전적으로 헌신합니오."

보통의 경우, 이러한 대답을 듣게 될 것입니다.

"사람의 일이라는 건은 늘 그렇죠. 좋은 때가 있으면 나쁜 때도 있는 법입니다. 정직하게 말해 줘서 고맙습니다. 어떤 직업이나 사업에도 문제는 발생하기 마련이므로 완벽을 기하기 위해 앞으로 더욱더 노력할 건입니다."

그리고 필연적으로 발생하는 문제들이 실제로 일어날 경우를 대비해서 짧은 격려의 연설을 준비해 두는 것이 좋습니다.

예를 들면 이번 달의 문제는 무엇이고 회사의 상황이 밝은 파란 불에서 어두운 파란 불로 변했다는 식의 이야기 말입니다. 이 경우, 당신의 다운라인 사업자들은 자연스럽게 걱정에 빠집니다. 어떤 리더들은 밝게 파란 불을 반짝이고 있는 다른 회사로의 이전을 생각할지도 모릅니다. 그들은 어쩌면 "파란 불이 노란 불이나 빨간 불로 바뀔지도 모르는데 그러한 상황을 겪고 싶지 않다."고 말할 수도 있습니다.

리더들이 이러한 생각을 갖게 되면 그들이 책임지는 그룹

내의 사업자나 자가 소비자 고객들에게서 쏟아지는 불평이 늘어나게 되며, 그 결과 사업자들은 더욱더 사업에 대한 확신을 잃게 됩니다. 이런 문제는 커다란 혼란을 야기하는 동시에 그룹의 발전과 존속을 위협하게 됩니다.

하지만 당신에게 피할 수 없는 그 문제에 대해(물론 이것은 인생을 위협하는 문제들보다 훨씬 나은 것이지만) 사람들이 미리 준비할 수 있도록 이야기를 해놓는 안목이 있다면 당신은 리더들에게 다음과 같이 짧은 격려의 말을 들려줄 수 있을 것입니다.

"존, 처음으로 네트워크 마케팅 사업에 뛰어든 때를 기억합니까? 우리는 그때, 앞으로 여러 가지 문제가 발생할 수도 있으며 약간의 가시밭길을 만날 때도 있을 것이라는 이야기를 했었죠? 지금처럼 회사의 상황이 조금 어려워지는 것도 그런 문제들 중의 하나입니다. 물론 지금 당장은 그 문제가 매우 크게 보일 수도 있지만, 장기적인 안목으로 10년 혹은 20년 후를 내다본다면 이것은 언젠가 발생하게 될 하나의 문제에 지나지 않습니다. 회사라는 것도 하나의 살아있는 유기체와 같아서 어떤 경우에는 도약할 수도 있고 또 어떤 경우에는 뒤로 물러나는 경우도 있습니다. 하지만 전체적으로 볼 때, 우리 리더들은 장기적이고 꾸준한 성장에 초점을 맞춰야 합니다.

바로 이 점이 한 번의 나쁜 경험으로 금방 일을 그만두고 마는 다른 사업자들과 우리들의 커다란 차이입니다. 그렇게 떠나간 대부분의 사업자들은 새로운 회사에 들어가 처음부터 다시 시작해야 합니다. 하지만 새로운 사업을 구축하고 트레이닝을 처음부터 다시 시작하는 것은 많은 시간과 노력을 투자해야 한다는 약점이 있습니다. 그리고 존도 알다시피 사업 초기에는 수입보다는 지출이 많을 수도 있습니다. 결국 이런 사업자들이 새로운 회사에서 이윤을 얻을 정도로 성장하고 나면 갑자기 또 다른 문제가 발생하는 법입니다.

내가 볼 때, 바로 이런 점이 보통의 사업자들과 우리 같은 리더들을 구분 짓는 결정적인 차이라고 생각합니다. 그들은 절대로 돈을 벌 수 없습니다. 왜냐하면 그들에게는 장기적인 안목이 없기 때문이죠.

예를 들어 그들은 자신의 어머니가 한 번 맛없는 밥을 주었을 경우, 성급하게 어머니의 음식솜씨가 형편없다는 결론을 내려버릴 것입니다. 그리고 다시는 어머니가 해주신 음식을 먹으려 들지 않을 것입니다. 또한 어떤 은행이 은행계좌와 관련한 실수를 한 번 저질렀다면, 그들은 앞으로 그 은행에 발길을 뚝 끊을 것입니다. 내가 원하는 것은 당신과 내가 힘을 합쳐 우리 그룹 사람들이 이번 문제가 언제든 발생할 수 있는 것이라는 점을 인식할 수 있도록 돕

는 건입니다. 그러면 사람들은 네트워크 마케팅 사업과 관련해 우
리처럼 넓은 안목을 갖게 될 것입니다."

· ·

이렇게 하면 당신의 대화가 성공적으로 끝날까요?

물론 언제나 그렇지는 않습니다. 하지만 이런 시도는 아
무 말도 안 하는 것보다 훨씬 낫습니다. 그리고 어떤 기업도
완벽하지 않으며 앞으로 문제가 발생할 수도 있음을 초기에
잘 설명해 준다면 당신의 대화는 성공할 가능성이 높습니
다.

그렇다고 당신의 그룹에 속해있는 모든 리더 사업자들을
중도포기로부터 구원할 수 있는 것은 아닙니다.

많은 신규사업자들은 **'절대로 어떤 문제도 발생할 것 같
지 않은 회사'**에 참여하는 것만으로도 성공이 저절로 굴러
들어올 것이라고 믿고 있습니다. 그들은 네트워크 마케팅
사업에서 성공하려면 일, 노력, 인내 그리고 장기적인 헌신
이 요구된다는 사실을 믿지 않습니다.

이제 막 회원가입을 한 신규사업자가 다음과 같이 말할
때, 어쩌면 당신은 어지럼증을 느낄지도 모릅니다.

"이제 이 사업을 그만두겠습니다. 저는 2주일 동안 열심
히 이 모임에 참석했는데, 그 뒤 문제가 발생했습니다. 그래

서 제가 성공할 기회는 사라졌습니다."

그렇다면 현재 그가 몸담고 있는 직업은 단 2주일 동안의 노력만을 요구하고 그 뒤에는 평생토록 퇴직할 수 있도록 해줍니까! 어떠한 직업도 시작한지 단 2주 만에 재정적·시간적 자유를 안겨주지 않습니다. 또한 어떤 사람도 나름대로의 핑계거리는 만들어낼 수 있습니다. 하지만 다음과 같은 일은 절대로 일어나지 않는다는 사실을 명심하십시오.

"세상은 쉽게 포기하는 사람을 사랑하지 않는다!"

정상에 선 사람들의 지나친 과장

사업설명회에 참석하는 예비사업자들이 무슨 생각을 하고 있는지 궁금한 적은 없습니까? 혹시 '회의적' 일 것이라고 생각하지는 않습니까?

사업설명회를 주도하는 리더들은 네트워크 마케팅의 기회에 대해 흥분한 나머지 약간의 과장이 섞인 표현을 하기도 합니다.

이것은 전문인들의 사업설명에서도 마찬가지입니다. 사실, 너무 지나치지만 않는다면 과장 그 자체는 나쁜 것이 아닙니다.

사업설명회에 참석했을 때, 마치 회계사가 기계적이고 단순한 말을 늘어놓는 것처럼 분위기가 지루하고 딱딱하다면 당신 역시 싫어할 것입니다.

특히 예비사업자들이 중요한 결정을 내리고자 할 때, 리더들의 열정은 커다란 영향을 미치게 됩니다. 하지만 실제보다 너무 크게 과장하면, 그로 인해 발생하는 흥분은 단순히 '회의감' 만 안겨줄 뿐입니다.

사업설명회에서 연설자가 사업설명을 할 때, 지나치게 과장하는 것을 당신은 어떻게 받아들입니까?

예를 들어 연설자가 다음과 같이 말한다면 참석자들은 어떻게 받아들일까요?

"앞으로 10년 안에 전세계 모든 제품의 80%를 네트워크 마케팅방식으로 유통할 것입니다. 네트워크 마케팅은 유통의 새 물결입니다."

이 경우, 참석자들은 이렇게 생각하기 시작할 것입니다.

'그래? 얼마 전 신문에서 얘기하길 현재 81%가 소매상을 통해 그리고 18%가 텔레마케팅을 통해 유통된다고 하던데……. 나는 무조건 다른 사람에게 전화를 걸어 제품에 대한 정보를 알려주고 선택하라고 권유하는 방식은 딱 질색이야. 처남은 총 판매액의 37%를 DM(direct mail)방식으로 판매한다고 하던데, 우편을 통해 집으로 배달되는 수많은 카탈로그들을 생각해 보면 이해가 돼. 그렇다면 오직 8%만이 직접 방문을 통해 이루어지는 셈이군. 홈쇼핑 채널이 총판매의 10%를 차지하지. 그리고 네트워크 마케팅이 80%를 차지한다면? 맙소사! 전체의 합이 234%가 되는군. 집에 돌아가서 다시 한 번 생각해 보는 것이 낫겠어.'

사업설명을 주관하는 네트워크 마케팅 리더는 참석자들을 한 번 둘러보고 그들이 조용히 고개를 끄덕이는 것을 바라봅니다. 그리고 이렇게 생각합니다.

'됐어! 이 사람들은 이제 내 손바닥 안에 있는 거야. 저렇게 고개를 끄덕이면서 동의하는 것 좀 봐. 마치 얌전한 양떼 같잖아? 80%라고 하지 말고 110%라고 할 걸 그랬나? 그게 더 자극적일 텐데……'

하지만 그때, 참석자들은 다음과 같이 생각합니다.

'만약 저 사람이 시장점유율을 과장하는 것이라면 다른 이야기에도 과장이 섞여 있을지 몰라. 집에 가서 맥주나 마시면서 느긋하게 생각해 봐야겠다. 아, 맥주 생각을 하니 기분이 좋아지는군.'

이런 사업설명의 끝은 뻔합니다. 리더는 참석자들에게 당장 가입하기를 권유하지만 참석자들은 이렇게 말합니다. "집에 가서 생각을 좀 해봐야겠어요."

예비사업자들의 지적능력에 대한 존경, 품격을 갖춘 예의 그리고 진실만이 지나친 과장을 막을 수 있습니다. 예비사업자들은 사업설명이 끝난 후에도 서로 이야기를 주고받을 것이며, 만약 리더가 진실한 사람이고 사업기회가 거짓이 아니라는 확신이 들면 그들은 누가 시키지 않아도 곧바로 네트워크 마케팅 사업에 참여할 것입니다.

리쿠르팅의 새로운 방법을 찾아라

　새로운 사업자를 모집하기 위한 우편 발송이 나쁜 것은 아니지만 그렇다고 좋은 것도 아닙니다. 편지는 이용하기에 따라 당신이 네트워크 망을 구축할 때 커다란 도움이 될 수도 있습니다.

　그렇다면 누가 우편 발송 방법을 사용할까요?

　일반적으로 네트워크 마케팅 사업에 처음으로 뛰어든 초보자들이 많습니다.

　경험 많은 네트워크 마케팅 사업자들은 우편 발송에 돈을 낭비하고 싶어 하지 않습니다. 편지를 사용할 경우에는 보통 본래의 프로모터(역주 - promotor : 편지의 기획과 제작을 대신 담당하는 대행자)만이 약간의 이익을 챙길 뿐입니다. 물론, 우체국은 우표 판매를 통해 돈을 톡톡히 벌겠지요.

　우편 발송을 하는 사람들의 두드러진 특징이 무엇인지 알고 있습니까? 그들은 모두 진정으로 돈을 벌고 싶어합니다. 그래서 그들은 직접 우표비용 및 인쇄비용을 충당하고 편지를 보내는데 엄청난 노력을 쏟아 붓습니다. 이들은 착실하게 노력할 자세를 확실히 갖추었다고 볼 수 있습니다.

그렇다면 우편 발송의 결과는 어떨까요?

첫째, 이들은 편지를 보냄으로써 적자를 보게 될 것입니다. 결국 이들은 추가수입에 대한 희망이 옅어지고 꿈의 실현을 위해 다른 종류의 기회를 찾게 될지도 모릅니다.

둘째, 편지를 받아보는 사람들은 그들의 이름 및 주소가 이미 노출되어 있고 명단으로 작성되어 있기 때문에 다양한 기회에 참여하라는 설득 및 오퍼를 끊임없이 제공받게 될 것입니다.

물론 당신의 편지가 사람들에게 추가수입에 대해 올바른 생각을 심어줄 수도 있지만, 그 방법은 그다지 좋지 않습니다. 누구든 자신의 개인 정보가 타인에게 노출되어 있다는 사실을 쌍수를 들어 환영할 사람은 없다는 것을 기억하십시오.

그렇다면 편지를 이용해 열정적인 예비사업자들이 당신의 그룹에 참여하도록 만들 수 있는 방법은 없을까요?

그 해답은 더 많은 노력과 시간을 투자하는 것입니다.

물론 어떤 사업자들은 회사의 안내책자 및 응모 지원서를 복사해서는 '이것을 한 번 읽어보십시오. 당신의 인생에 커다란 도움이 되는 끝내주는 내용이 들어있습니다.' 라는 짧은 글귀와 함께 그 편지들을 우체통에 던져 넣을 것입니다.

이러한 편지는 받아보는 사람들의 마음을 전혀 움직일 수 없습니다. 그들은 이런 종류의 오퍼를 매일 수십 통씩 받아봅니다. 이 경우, 편지를 받는 사람들은 자신의 이름과 주소가 당신에게 그다지 중요한 의미를 갖지 않는다는 사실을 잘 알고 있습니다.

그렇다면 성공적으로 사업자를 모집하는 사람들은 어떻게 행동할까요? 그들도 편지를 씁니다. 그런데 그들은 편지는 손으로 직접 쓰거나 컴퓨터를 사용합니다. 중요한 것은 편지 내용이 개인적이고 친밀해야 한다는 점입니다. 메일을 통한 오퍼 제공에서 성공을 거두는 사람들은 예비사업자들에게 이렇게 말합니다.

"안녕하십니까? 당신과 이야기를 나누고 싶어 편지를 띄웁니다. 당신과 저는 돈을 벌겠다는 공통된 관심사를 갖고 있잖아요. 기회 있을 때 저에게 답장 주세요."

편지를 받은 예비사업자들은 이와 같은 개인적인 편지를 통해 누군가가 자신을 이해하며 신경 쓰고 있다는 사실을 느끼게 됩니다. 그리하여 몇몇 예비사업자들은 답장을 보내 그들의 전화번호를 알려주거나 당신에게 직접 전화를 걸지도 모릅니다. 개인적인 편지, 특히 진솔하게 손으로 직접 쓴 편지를 그대로 쓰레기통에 버리는 것은 쉽지 않은 일이니까요.

이제 당신은 두 번째 편지에서 당신이 속한 시스템에 대한 설명과 사업 경험담을 이야기할 수 있습니다. 예비사업자들이 당신의 편지와 시스템에 대해 관심을 보인 이상, 당신은 그 예비사업자들의 관심에 대한 정보를 제공할 수 있는 충분한 기회가 생긴 것입니다. 우편 발송의 중요한 성공 비결은 예비사업자들에게서 응답을 얻어내 그들과 지속적인 연락을 취하는 것입니다.

그렇다고 셀 수 없을 정도로 많은 사업자들을 직접 모집할 필요는 없습니다. 네트워크 마케팅에서 환상적인 수입을 올리기 위해서는 단지 한 두 명의 충실한 리더만 있으면 됩니다. 그러므로 신규사업자들을 트레이닝 하여 전문적인 지식이 풍부하고 리더십을 갖춘 훌륭한 리더로 탄생시키기 위해 시간과 노력을 투자하십시오.

물론 몇 명의 진솔한 예비사업자를 발견하기 위해서는 게으르고 정직하지 않으며 노력 없이 일확천금을 꿈꾸는 사람들을 수없이 만나야 할지도 모릅니다. 하지만 무엇보다 중요한 사실은 성공을 위해서는 한 두 명의 뛰어난 리더만 있으면 된다는 점입니다.

우편 발송을 통해 사업을 소개하는 일 이외에 사업 참여의 기회를 확실하게 제공할 수 있는 방법 중의 하나가 바로 직접 전화를 거는 것입니다. 전화를 거는 일은 우편 발송과 동시에 행한다면 더욱 큰 효과를 얻을 수 있습니다.

어떤 사업자는 한 달 동안 무려 12명의 신규사업자를 참여시킨 적이 있습니다. 그녀는 자신이 편지를 보냈던 명단과 전화번호를 살펴본 뒤, 이들 모두에게 일일이 전화를 걸었습니다. 무엇보다 놀라운 사실은 그녀가 직접 전화를 걸기 전까지 그들 중 어떤 사람도 이런 종류의 전화를 받아본 적이 없다는 점입니다.

이처럼 직접 전화를 거는 것은 여타 안내책자 복사본과는 그 질이 전혀 다릅니다. 전화는 정말로 개인적이며 친밀한 방법입니다.

그렇다면 여기서 가장 중요한 점은 무엇일까요?

그것은 바로 예비사업자들에 대한 개인적이고도 진솔한 관심입니다. 만약 당신이 많은 사람들에게 몇 천 통이나 되는 똑같은 내용의 편지 복사본을 우편으로 보낸다면 그 응답률은 매우 저조할 것입니다.

성공비결은 손으로 직접 쓴 간결한 편지 혹은 컴퓨터로 쓴 개인적인 편지를 보내는 것으로 대부분의 예비사업자들은 이러한 편지를 받았을 경우 응답을 하게 됩니다. 그러므로 그냥 일반적인 친구가 아니라, 진정으로 돈 벌기를 원하는 예비사업자들과 친분관계를 맺어 우정을 발전시키십시오.

효과적인 사업을 진행하라

네트워크 마케팅 사업자인 당신은 주로 누구에게 시간을 할애하고 있습니까?

첫 번째 그룹 : 자신의 힘으로 사업을 시작한 사람들, 리더들, 스스로의 사업건설을 위해 열심히 노력하는 사업자들.
두 번째 그룹 : 징징대고 불평불만이 많으며 동기부여가 안 된 채 공짜를 좋아하는 신규사업자들.

아마도 대부분의 사람들이 두 번째 그룹에게 많은 시간을 할애하고 있을 것입니다. 그들은 당신에게 매일같이 전화를 걸어 이렇게 질문할 것입니다.

- 제 라인은 잘 구축되고 있나요?
- 이번 달에 제가 받을 수 있는 보너스는 얼마예요?
- 왜 제가 사람들과 접촉하고 미팅을 하기 위해 노력해야 하는

거죠?

- 이 회사의 제품은 왜 이렇게 비싸죠?

- 왜 이 회사는 사업자를 위해 광고를 하지 않나요?

- 왜 회사가 소매 주문을 대신 받아주지 않는 거죠?

- 보너스를 먼저 주면 안 되나요?

- 소비자들을 확보하기 위해 회사가 무료 제품 견본을 나눠줬으면 좋겠어요.

- 회사에서 사람들에게 제품을 한 번 사용하게 하면, 고객이 늘어날 텐데요. 그러면 당연히 우리의 보너스도 늘어날 것이고요.

- 왜 제가 사업설명회에 애써서 참석해야 되죠? 전 이미 무슨 말을 할 건지 알고 있는데요.

- 왜 제가 제품을 사야 하죠? 일단 사업자로 참여를 하면 무료로 제품을 나눠주어야 하는 것이 당연한 것 아닌가요?

이런 식의 질문들은 끝이 없습니다.

네트워크 마케팅 그룹의 리더인 우리는 이런 질문 및 요구사항들을 신규사업자들에게서 매일같이 듣고 있습니다. 특히 이러한 질문을 던지는 신규사업자들은 2주일 정도만 네트워크 마케팅 사업을 전개하면 매달 정기적으로 엄청난 액수의 돈이 들어와 놀고 먹을 수 있을 것이라고 생각하는 사람들입니다.

이러한 몽상가들 및 불평 불만자들은 네트워크 마케팅 리더의 시간 중에서 80%를 잡아먹습니다.

중요한 것은 리더가 흔들리지 말아야 한다는 점입니다. 일단 위에서 예로든 불평과 불만을 해소하기 위한 설득의 시간을 정해놓되 그 시간을 당신이 가진 시간의 20%로 한정해놓기 바랍니다. 이제 나머지 80%는 진정한 네트워크 마케팅 사업자가 되고자 하는 사람, 리더가 될 자질이 있는 사람들에게 할애하십시오.

원하는 만큼 예비사업자 확보하기

"……. 이러한 이유로 저는 네트워크 마케팅 사업이 주는 기회가 21세기 최고의 기회라고 생각합니다!"

당신은 지금 막 예비사업자들에게 훌륭한 사업설명을 마친 상태입니다. 이 사업설명에서 당신은 여러 가지 성과 및 가능한 모든 장애물을 제시했습니다. 이제는 진실의 시간이 다가왔습니다.

어쩌면 당신 앞의 예비사업자는 거절의 뜻으로 이렇게 대답할지도 모릅니다.

"아니야! 절대로 그건 아니야! 정말 싫어! 너란 사람은 인류의 수치야! 너는 지구에 한정되어 있는 산소를 먹어치우는 쓰레기일 뿐이야. 이 행성뿐 아니라 우주에서 사라져! 내가 살아있는 동안 다시는 네 면상을 보고 싶지 않아!"

대부분의 사업자들은 이러한 반응을 간단히 '참여하기 싫다.'는 뜻으로 받아들입니다. 하지만 이렇게 대답한 사람이 가장 열정적인 예비사업자가 아니라면 아직 희망은 있습니다.

그렇다면 최악의 상황에서 어떻게 최선의 결과를 이끌어
낼 수 있을까요?

이 경우, 당신은 추천(referrals)에 의존할 수 있습니다. 만
약 당신의 예비사업자가 아직 마음의 결정을 내리지 못했을
지라도 혹은 대놓고 적대적인 감정을 표시하거나 부정적일
지라도, 그 사람이 알고 있는 주변 사람들 중에서 누군가는
당신이 제안한 기회를 기쁘게 받아들일 수도 있습니다.

그러므로 부정적인 자세를 취하는 예비사업자에게 이렇
게 말하십시오.

"당신이 지금 네트워크 마케팅 사업에 대해 관심이 없더
라도 상관없습니다. 하지만 당신이 아는 사람들 중에서 추
가수입을 올리고 싶어 하는 사람을 세 명만 추천해 주시겠
습니까?"

아마도 그 예비사업자는 추가수입을 얻고 싶어 하는 사람
을 한 두 명 정도 알고 있을 것입니다. 그렇다고 예비사업자
들이 언제나 다른 사람을 추천해주는 것은 아닙니다. 그러
나 당신이 먼저 추천을 의뢰하지 않는다면 평생 동안 추천
을 통해 다른 사람을 알게 되는 일은 없을 것입니다. 당신이
먼저 물어본다면 적어도 기회는 생기는 법입니다.

그렇다면 추천을 의뢰할 때, 최선의 결과를 얻을 수 있는

방법은 무엇일까요?

세계적으로 타의 추종을 불허하는 추천의 대가, 생활 설계사들에게 한 수 배우는 것도 좋습니다. 혹시 집에 한 번이라도 생활 설계사가 찾아온 적이 있습니까? 그들은 어떻게 추천을 의뢰하던가요? 그가 제공하는 보험 제품에 대해 당신이 관심이 없다는 것을 알고 나면 그는 이렇게 물어보지 않나요?

"당신이 이 보험에 관심이 없다면 당신이 아는 사람 중에서 이 제품에 관심을 기울일만한 사람은 없을까요?"

물론 생활 설계사들은 이런 식으로 묻지 않습니다. 만약 이런 식으로 추천을 의뢰한다면 당신은 이렇게 대답할 것입니다.

"음, 내가 알고 있는 사람들 중에는 보험이 필요한 사람이 없는 것 같은데요. 저는 친척도 없이 자라난 고아거든요. 그 전에는 히말라야 산 중턱에서 은둔생활을 했기 때문에 아는 사람이 없어요. 20년 전에 이 마을로 이사 왔는데, 아는 사람이 아무도 없어요. 크리스마스에 초대하는 사람들 명단은 마침 불에 타서 없어졌거든요……. 기타 등등……."

아마도 당신은 추천이 아닌 변명을 늘어놓을 것입니다.

그렇다면 생활 설계사들이 당신의 기억을 자극해 훌륭한 예비고객을 얻는 방법은 어떤 것일까요? 그들은 누가 보험을 필요로 하는지를 묻는 대신, 보다 기술적인 방법을 사용하여 특수한 질문을 합니다.

예를 들면 이렇습니다.

"당신은 지금 보험을 필요로 하지 않는군요. 그렇다면 한 가지 부탁 좀 드려도 될까요?"

"당신이 아는 사람들 중에서 얼마 전에 승진한 사람은 없나요?"

"최근에 아이를 낳은 사람은 없나요?"

"당신이 알고 지내는 사람들 중에서 가족을 정말로 사랑하는 사람은 누구인가요?"

"얼마 전 집을 구입한 사람은 없나요?"

"자영업을 하는 사람은 없나요?"

"재정적 안정 및 보호를 원하는 사람은 없나요?"

이러한 질문은 보다 나은 결과를 얻게 해줍니다. 이러한 질문을 받는다면 어떤 사람일지라도 적합한 인물을 떠올리기 마련입니다. 그리고 당신을 방문한 생활 설계사는 그들 모두에게 보험제품을 소개하고자 합니다.

이러한 기술을 네트워크 마케팅 사업에 어떻게 적용할 수 있을까요?

만약 예비사업자가 당신의 제안을 거절할 경우, 절대로 다음과 같이 말하면 안 됩니다.

"당신이 아는 사람들 중에서 혹시 제가 제공하는 이 작전

에 응할 사람은 없습니까?'

만약 이런 식으로 질문할 경우, 예비사업자는 이렇게 대답할 것입니다.

"미안해서 어쩌죠? 그러한 작전에 적합한 사람을 알지 못하는데요. 저는 친척도 없이 자라난 고아거든요. 그 전에는 히말라야 산 중턱에서 은둔생활을 했기 때문에 아는 사람이 없어요. 20년 전에 이 마을로 이사 왔는데, 아는 사람이 아무도 없어요. 크리스마스에 초대하는 사람들 명단은 마침 불에 타서 없어졌거든요……. 기타 등등……."

그러므로 예비사업자에게는 이렇게 질문하도록 하십시오.

"혹시 추가수입을 올리고 싶어 하는 사람을 알고 있습니까?'

"주위 사람들 중에서 자신의 직업에 만족하지 못하는 사람은 없나요?'

"늘 상사와 트러블을 일으키고 있는 사람은 없나요?'

"현재의 전문적인 직업을 계속 유지하면서 시간제로 추가수입을 올리고자 희망하는 사람은 없습니까?'

"좀더 넓은 집으로 이사하기를 희망하는 사람은 없습니까?'

"여행을 즐기는 사람은 없나요?'

"좀더 많이 배우기 위해 돈을 저축하려는 사람은 없습니까?"

"주위 사람들 중에서 자영업에 높은 관심을 갖고 있는 사람은 없습니까?"

이러한 질문을 하면 당신의 예비사업자는 각각의 질문에 적합한 사람들의 이름을 당신에게 알려줄 것입니다. 그렇다고 그들 모두와 미팅 약속을 잡아야 하는 것은 아닙니다. 적합한 사람 그리고 적정한 수의 사람들과 약속을 잡으십시오.

평균적으로 볼 때, 사람들은 400~800명의 사람들과 알고 지냅니다. 그러므로 사람들에게 추천을 받아 사업자를 찾는 방법을 한 번 시도해 보십시오.

우편 발송에 대한 몇 가지 힌트

이것은 많은 사람들에게 일어나는 일입니다.

네트워크 마케팅에 참여하는 사람들은 대부분 큰돈을 벌겠다는 부푼 꿈을 지니고 있습니다. 그러면서도 몇몇 사람들은 '힘들여 일하고 미팅을 하고 사업설명에 참석하고 초보사업자를 교육하기 위해 애써 시간을 낭비할 필요가 있을까?' 라고 생각합니다.

그리고 '이 방법들은 한물 지난 것이 아닐까? 우편을 이용하면 한꺼번에 수천 명의 신규사업자를 모집할 수 있을 텐데……' 라고 생각할지도 모릅니다.

사실, 우편을 이용하여 회원을 모집하는 방법은 빠르고 용이하며 면전에서 거절당할 필요가 없는 간단한 길입니다. 다만, 이 방법은 많은 비용이 들어가는 것에 비해 그 효과가 지극히 미미하다는 단점이 있습니다.

언뜻 보기에 우편을 이용한 네트워크 마케팅 사업자 모집은 성공을 향한 '가장 빠른 길'로 생각되기도 합니다. 왜냐하면 집에 편안히 앉아 TV를 보며 우표를 붙인 후, 신청서들이 당신의 우편함에 도착하기를 기다리기만 하면 되니까요. 하지만 이러한 방법은 네트워크 마케팅 사업에서 재난으로 가는 확실한 지름길입니다.

이 방법을 이용하면 어떤 일이 일어날까요?

첫째, 기대감에 부푼 한 사업자가 자신이 몸담고 있는 회사로부터 여러 가지 책자들을 구입합니다. 우편으로 사업자를 모집하고자 할 경우, 고품질의 책자를 보내는 것이 좋은 인상을 줄 테니까요.

둘째, 이 사업자는 고등학교 이후로는 한 번도 편지를 써 본 일이 없지만, 그럭저럭 사람들에게 동기부여를 하는 편지를 작성했습니다. 어느 누구도 그 편지보다 더 나은 편지를 쓸 수는 없을 것입니다.(무엇보다 정직하고 마음에서 우러나오는 편지가 가장 효과적이며 또한 오타가 없어야 합니다.)

셋째, 이 사업자는 자신의 우편 패키지에 동봉할 목적으로 각종 안내문, 차트, 사업전략 등 몇 가지를 준비합니다.

글쎄요. 과연 효과가 있을까요? 차라리 두껍고 지루한 자필 기록서를 만들어 예비사업자들에게 깊은 인상을 주는 것이 나을지도 모릅니다.

넷째, 많은 친척들을 피자파티에 초대합니다. 그런데 친척들이 그 사업자의 집에 도착했을 때, 사실은 그 사업자가 '편지를 접어 봉투에 넣기 파티'를 계획했다는 것을 깨닫게 됩니다. 그리하여 몇 시간 동안 친척들은 봉투를 붙이고 편지를 접습니다. 모든 일이 끝난 후, 그들은 너무나 지친 나머지 피자를 먹을 마음조차 나지 않습니다. 적어도 이 방법은 별로 좋아하지 않는 친척이 불시에 방문하는 것을 예방하는데 효과가 있습니다.

다섯째, 우표 값이 만만치가 않아서 돈이 없는 사람은 은행에서 돈을 빌려야 할지도 모릅니다.

마지막으로 편지를 보낸 후, 몇 주일 동안 재방송 TV를 보며 당신의 투자가 열매 맺기를 기다립니다. 하지만 아무도 응답을 하지 않습니다.

결국 이 사업자가 얻는 것은 무엇일까요?

'가능성이 풍부한 사람들의 명단'이라는 말을 믿고 보낸 편지가 주소불명 및 변경으로 인해 수많은 편지들이 되돌아 오거나 아니면 다른 네트워크 마케팅 사업자가 자신의 시스템에 참여하라고 끈질기게 요구할지도 모릅니다.

단 한 사람의 예비사업자가 응답을 해왔는데, 그는 매우 멀리 떨어진 곳에 살고 있습니다. 그리고 그 예비사업자가 원하는 것은 1,500마일(역주 : 마일(Mile) - 거리를 나타내는 단위, 1마일=약 1.609Km)이나 떨어져 있는 자신에게로 와서 네트워크 마케팅 사업을 어떻게 시작해야 하는지 가르쳐 달라는 것입니다.

이러한 상황에서 '편지를 이용해 사업자를 모집하는 방법은 정말로 효과적이다.' 라는 사람들의 말을 믿을 수 있겠습니까?

우편을 이용해 사업자를 모으려는 대부분의 사람들은 경험이 없기 때문에 투자는 많이 하고 이익은 거의 얻지 못하게 됩니다.

따라서 이들은 한 번 시도해 보고 난 뒤, 완전히 실망해 네트워크 마케팅의 모든 시스템에 대해 회의감을 갖게 됩니다.

하지만 엄청난 어려움에도 불구하고 네트워크 마케팅 사업자들은 계속 우편을 이용하여 사업자를 모집할 것입니다. 이들이 어리석기 때문에 그러는 것일까요? 아니면 '어떤 일이든 불사하겠다.' 는 강인한 정신력을 보여주는 것일까요? 이유야 어찌됐든 우편을 통한 회원모집은 앞으로도 계속될 것입니다.

그렇기 때문에 낭비를 최소화하는 동시에 이윤을 최대화하는 방법을 알아두는 것이 좋습니다. 다음은 우편 발송을 처음 준비하는 분들을 위한 세 가지 요령입니다.

프로에게 배운다

당신이 보내는 편지는 최고급 백화점을 포함한 여러 가지 홈 쇼핑 회사에서 발행하는 카탈로그와 함께 수신자의 우편함에 도착하게 됩니다. 이러한 사실을 겸허하게 받아들이십시오.

당신의 편지는 이처럼 전문가들이 상당히 정교하게 만든 카탈로그와 간접적으로 경쟁하는 셈입니다. 이러한 경쟁을 대비하여 당신은 가능한 모든 전문적 정보를 전달 받아야 합니다. 지역 도서관에 가 보거나 다양한 카탈로그 쇼핑 책자를 뒤져 적정한 가격을 알아보는 것도 좋습니다. 결국 무엇보다 중요한 요소는 바로 '경험' 입니다.

그러므로 우편을 이용해 네트워크 마케팅 사업자 모집에 성공한 프로를 찾으십시오. 만약 책으로 배운다면 1년 동안 힘들게 배워야 할 내용들을 그 프로는 단 1시간 만에 당신에게 모두 알려줄 것입니다. 특히 그에게서 배울 사항들은 우편물로 사람을 설득할 수 있는 기막힌 방법, 수많은 우편물

가운데 유독 당신의 편지가 눈에 띄도록 하는 방법, 가장 저렴하게 우편을 이용하는 방법 등입니다. 만약 성공기술을 가르쳐줄 프로를 찾지 못했다면, 편지 발송으로 사업자를 모집하려는 생각을 일단 거두는 것이 상책입니다.

세련된 감각

만약 당신이 보내는 책자 및 편지가 과거의 낡아빠진 디자인을 취하고 있다면, 받아보는 사람들도 똑같은 대우를 하게 됩니다. 즉, 보는 즉시 쓰레기통으로 날아가게 되는 것입니다. 애써 비용을 들여 속달로 편지를 보냈는데, 그것이 쓰레기통으로 직행한다면 참으로 애석한 노릇입니다. 그럴 경우에는 아무 것도 얻을 수 없습니다.

당신이 싸구려 종이와 고물 복사기를 이용한다면 아무리 내용이 백만 달러의 기회에 대한 것일지라도 사람들은 절대로 당신의 말을 믿지 않을 것입니다. 최소한 좋은 종이에 인쇄가 선명한 훌륭한 복사기를 사용하십시오.

비용 절약

처음으로 보내는 편지에는 많은 돈을 소비하지 마십시오.

이것은 예비사업자와 처음으로 접촉할 때, 저렴하고 간단한 책자와 제품을 사용하는 것과 마찬가지입니다. 그 후, 만약 예비사업자가 관심을 보인다면 자질을 갖춘 열정적인 예비 사업자에게 제품의 가치 및 정보를 전달하는데 아낌없는 투자를 하십시오.

제로섬 이론

경마

경마가 어떤 방식으로 운영되는지 알고 계십니까? 돈을
따는 사람들을 위해 마사회가 직접 돈을 창출할까요? 아니
면 경마에서 진 사람들의 돈을 거두어 승자에게 나누어주는
방식을 취할까요?

분명한 사실은 패자가 존재하기 때문에 승자도 존재한다
는 점입니다. 경마에서는 어떤 돈도 새롭게 창출되지 않습
니다. 설마, 마구간에 화폐를 제조하는 기계가 있는 것이라
고 생각하는 것은 아니겠지요?

경마에서 이긴 사람들이 받는 금액은 처음에 사람들이 걸
었던 돈에서 얻어집니다. 그러므로 승자들이 받는 돈의 양
은 초기에 사람들이 경마에 걸었던 총액을 절대 넘지 않습
니다. 즉, 경마는 1달러가 1.15달러로 변하는 식으로 운영되
지는 않습니다.

만약 사람들이 경마장에 가서 1달러씩 걸었을 경우 그리

고 그 결과 모든 사람들이 1.15달러를 각각 땄을 경우, 우리는 수학이론을 다시 쓰거나 아니면 마사회의 사업 이윤성을 의심해 보아야 합니다.

경마가 운영되는 방법

경마장에서 사람들은 특정한 말을 선택하여 1달러를 겁니다. 그리고 그 중에서 10센트는 경마를 위한 간접비 및 이윤으로 할당된다는 가정을 내리면, 나머지 90센트로 경마에서 이긴 사람들에게 돈을 지불하게 된다는 결론이 나옵니다. 다시 말해 경마에서 이긴 사람들은 경마에 참여한 사람들이 건 돈의 90%만 얻게 되는 것입니다.

예를 들어 첫 경기에서 사람들이 건 돈이 모두 1,000달러라고 가정해 봅시다. 마사회는 그 중에서 100달러(10%)를 간접비 및 이윤으로 갖고 나머지 900달러를 경마에서 이긴 사람들에게 나눠줍니다.

곧이어 열린 두 번째 경기에서 사람들이 손에 들고 있는 금액은 처음의 1,000달러에서 이제는 900달러가 되어 있습니다. 사람들이 두 번째 경기에서 900달러 모두를 걸었을 경우, 마사회는 90달러(10%)를 간접비 및 이윤으로 남기고 나머지 810달러를 경마에서 이긴 사람들에게 나눠줍니다.

세 번째 경기에서 사람들은 처음의 1,000달러에서 이제 810달러만 갖고 있습니다. 그리고 세 번째 경기에서 사람들이 810달러를 모두 걸었을 경우, 마사회는 81달러(10%)를 간접비 및 이윤으로 남기고 나머지 729달러를 경마에서 이긴 사람들에게 나눠줍니다.

네 번째 경기에서 사람들은 처음의 1,000달러에서 이제 729달러를 갖고 있습니다. 사람들이 이 돈을 모두 걸었을 경우, 마사회는 73달러(10%)를 간접비 및 이윤으로 챙기고 나머지 656달러를 경마에서 이긴 사람들에게 나눠줍니다.

다섯 번째 경기에서 사람들이 가지고 있는 금액은 처음의 1,000달러에서 이제 656달러가 되었습니다. 이 돈을 모두 경마에 걸었을 경우, 마사회는 66달러(10%)를 간접비 및 이윤으로 챙기고 나머지 590달러를 경마에서 이긴 사람들에게 나눠줍니다.

이렇게 하여 여덟 번째 경기가 끝날 때쯤, 사람들이 받게 되는 돈의 총액은 430달러가 됩니다. 다시 말해, 처음의 총액은 57%나 감소한 것입니다.

경마는 스스로 돈을 창출하지 않습니다. 그 대신, 경마에 참여한 사람들의 돈을 사용합니다. 만약 경마의 기본이 사람들로 하여금 언제나 일정량의 돈을 잃도록 정해놓았다면 사람들이 경마에 참여하는 이유는 무엇일까요?

그것은 경마가 주는 즐거움을 누리기 위해서입니다. 또한 대다수의 사람들이 돈을 잃는 반면, 몇몇 소수의 운 좋은 사람들은 큰돈을 딸 수 있다는 가능성에 대한 기대심리도 커다란 작용을 합니다.

따라서 경마에 참여하는 사람들은 대부분 경마장에서 자신이 즐기는 흥분의 대가로 돈을 지불하는 것을 당연하게 생각합니다.

복권

복권에 당첨된 사람들을 위해 정부가 화폐를 제조합니까? 아니면, 복권을 구입한 모든 사람들의 돈이 모여 복권에 당첨된 사람에게 주어집니까?

반복해 말하지만, 정부는 복권판매에서 얻어지는 돈으로 복권 당첨자들에게 금액을 지불하는 것입니다.

복권이 운영되는 방법

정부는 복권판매액 중 일정부분을 간접비 및 정부의 일반 세입 자금으로 할당합니다. 그리고 나머지를 복권에 당첨된 사람들에게 지불합니다. 그렇다면 정부가 실행하는 이러한 방식에 커다란 결함이 있는 것일까요? 절대로 그렇지 않습니다.

이러한 사실로 미루어보아 복권을 구입하는 사람들이 그들의 투자비용 중에서 일정액을 잃게 되는 것일까요? 물론 그렇습니다. 하지만 사람들은 1달러로 복권을 구입함으로써 약간의 흥분과 스릴을 맛보게 됩니다. 그리고 1달러는 그다지 큰돈이 아니기 때문에 설사 돈을 잃는다 해도 사람들은 크게 마음 쓰지 않습니다.

경마와 복권의 사례에서 보듯이 여기에 참여한 사람들은 투자비용의 일부를 잃게 됩니다. 하지만 그 대신 사람들은 가치 즉, 즐거움을 얻습니다.

네트워크 마케팅 회사를 운영하는 방법

네트워크 마케팅 회사들은 일반적으로 네트워크를 통해 소비가 일어나 얻게 된 수입을 다음과 같이 배분합니다.

> 40% 보너스
> 35% 제품 • 서비스 비용
> 25% 간접비 및 이윤

이것은 각각의 네트워크 마케팅 사업자가 1달러씩을 소비할 경우, 50센트가 보너스로 되돌아온다는 것을 의미합니다. 복권 그리고 경마처럼 네트워크 마케팅 기업들은 스스로 돈을 창출하지 않습니다. 다만, 이들 기업들은 사업자들의 활동으로 벌어들인 돈의 일부를 다시 사업자들에게 나눠주는 방식을 채택합니다. 그리고 나머지 돈은 제품가치, 이윤, 간접비에 사용됩니다.

네트워크 마케팅 사업자들이 특정 네트워크 마케팅 기업

에서 자신이 번 돈의 40%만을 얻게 된다는 사실을 알면서도 여기에 참여할까요? 물론입니다. 하지만 네트워크 마케팅 기업이 사업자들의 돈에 해당하는 가치를 제공할 경우에만 그렇습니다.

만약 네트워크 마케팅 기업들이 제품이나 서비스를 전혀 제공하지 않거나 혹은 무시해도 좋을 정도의 극소수 가치만을 제공할 경우, 사업자들은 그들이 번 돈 중에서 50%만을 가져갈 수 있는 시스템에 쉽게 지쳐버립니다.

그럼에도 불구하고 너무나 많은 사업자들이 오직 돈을 위해 네트워크 시스템에 참여하며 네트워크 기업이 주는 가치에 대해서는 생각하지 않습니다. 이것은 많은 네트워크 그룹에 뿌리깊이 스며있는 실책입니다.

많은 사업자들은 이 시스템을 통해 스스로 투자한 돈보다 더 많은 돈을 얻을 수 있다는 잘못된 개념을 갖고 있습니다.

이것은 수학적으로 불가능한 일입니다!

네트워크 사업자들은 흔히 다른 사람들에게 사업기회를 소개할 때, '투자한 돈보다 더 많은 보너스를 얻을 수 있다.' 라고 말합니다. 하지만 이것은 절대로 있을 수 없는 일입니다!

네트워크 마케팅 기업은 유통에 참여한 사업자들이 발생시킨 1달러로 제품 혹은 서비스를 제공하고 간접비를 지불하며 이윤을 얻고 그리고 나서 각각의 사업자들에게 다시 보너스로 1.15달러를 지불할 수는 없습니다.

네트워크 마케팅의 운영 원리는 이런 것입니다. 회사의 회원이 되면 보다 저렴한 가격에 제품을 구매할 수 있도록 해주면서, 제품 구매 비용의 40%정도를 다시 돈으로 돌려주는 것, 즉 캐시 백을 해주는 것입니다.

따라서 네트워크 마케팅 사업자의 경우 두 가지 혜택을 누릴 수 있습니다.

하나는 원래 생활에 필요한 물건을 좀더 저렴하게 구입할 수 있는 것입니다. 간혹 필요하지 않은 물건을 강매하거나, 세일즈라는 개념과 혼동하여 많은 양의 물건을 사재기 하는 경우가 있으나, 이것은 모두 네트워크 마케팅의 본질을 흐리는 행위입니다. 네트워크 마케팅 사업의 본질은 '정말로 필요한 물건을 브랜드 체인지를 통해 꾸준히 사용하는 것'입니다. 네트워크 마케팅 기업의 제품들에 생활필수품이 가장 많이 네트되어 있는 이유가 바로 이것 때문입니다.

또 한 가지는 캐시백이 이루어진다는 사실입니다. 대부분의 네트워크 마케팅 기업들은 앞서 이야기 했듯이 총 매출의 40%를 사업자들에게 보너스 형식을 취해 현금으로 다시 돌려줍니다.

더 중요한 사실은 이 보너스에는 자신이 구매한 제품에

대한 캐시백과 동시에 자신이 광고를 해서 후원하게 된 자신의 다운라인이 사용한 제품에 대해 일정량의 보너스가 포함된다는 것입니다. 따라서 회사의 제품과 시스템에 대한 정보를 끊임없이 전달하고, 제품 구매와 시스템 복제를 창출하게 되면 결국 보너스가 자신의 투자비용을 넘어설 수 있는 것입니다.

따라서 제품의 움직임과 흐름이 있어야 보너스 제도는 빛을 발하게 됩니다. 사업자의 모집과 그룹의 확장이 매우 중요한 활동이기는 하지만, 제품을 흐름 없이 사업자만 모집하는 것은 올바른 시스템의 존속을 저해합니다.

해결책

　실패하는 모든 네트워크 시스템들은 전적으로 회원의 모집과 수에만 치중합니다. 그리고 노력한 만큼의 보너스가 아닌 먼저 시작한 사람만이 많은 보너스를 가져가게 되는 불합리한 시스템으로 이루어져 있습니다. 이러한 시스템에서는 사업자의 투자에 대해 양질의 제품 및 양질의 서비스도 제공하지 않습니다. 예를 들어 이러한 시스템들이 60달러에 제공하는 비타민 한 병은 일반 가게에서 10달러에 구입할 수 있는 제품입니다. 혹은 무료로 구입할 수 있는 여행 및 할인 서비스를 비싼 가격에 팔기도 합니다.

　제품이나 서비스가 가장 하부에 위치한 사업자에게 유리한 거래가 아닐 경우, 사업자들은 그 시스템에서 벗어나려 합니다. 그러면 그 사업자의 스폰서가 가장 하부에 위치하게 되고 결국은 그 사람도 사업을 그만두게 됩니다. 다시 말해 악순환이 반복되는 것입니다.

　그러므로 제품 및 서비스 고유의 가치가 있어야 합니다.

즉, 가장 하부에 위치한 사업자들이 보너스 리베이트의 이익이 아닌 제품 및 서비스 고유의 장점을 보고 구입할 수 있는 기반이 만들어져야 하는 것입니다.

하위라인을 지속적으로 유지하는 비결은 제품 및 서비스 고유의 가치에 달려 있습니다. 그러므로 네트워크 마케팅 기업이 제공하는 제품 및 서비스가 다음과 같은 조건을 충족하는지를 염두에 두어야 합니다.

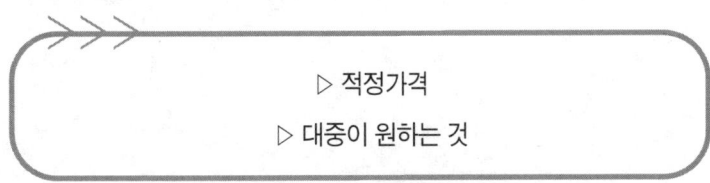

▷ 적정가격

▷ 대중이 원하는 것

당신의 시스템에 참여하여 하위라인에 있는 사업자들이 제품 및 서비스의 질을 믿으면 믿을수록 당신에게 유리합니다. 이러한 사업자들은 그룹 확장의 원천이며 그로 인해 네트워크 시스템이 더욱더 성장하고 더 큰 보너스를 얻게 됩니다.

리더들이 사업자들을 속이거나 거짓약속을 하고 혹은 과장하는 것은 그리 오래가지 못합니다. 사업자들은 자신이 맺은 계약이 좋은 것인지 아니면 나쁜 것인지 금방 알아차립니다. 그러므로 당신이 속한 네트워크 시스템에서 가장 하부에 위치한 사업자들에게 사실적이고 분명한 정보를 확실히 제시해야 합니다.

　사업자들에게 별다른 가치가 없는 시스템에 남아 있도록 사정하거나 혹은 끊임없이 전화를 걸어 귀찮게 하는 것은 좋은 방법이 아닙니다. 이것은 마치 반드시 지는 전쟁과 같습니다.

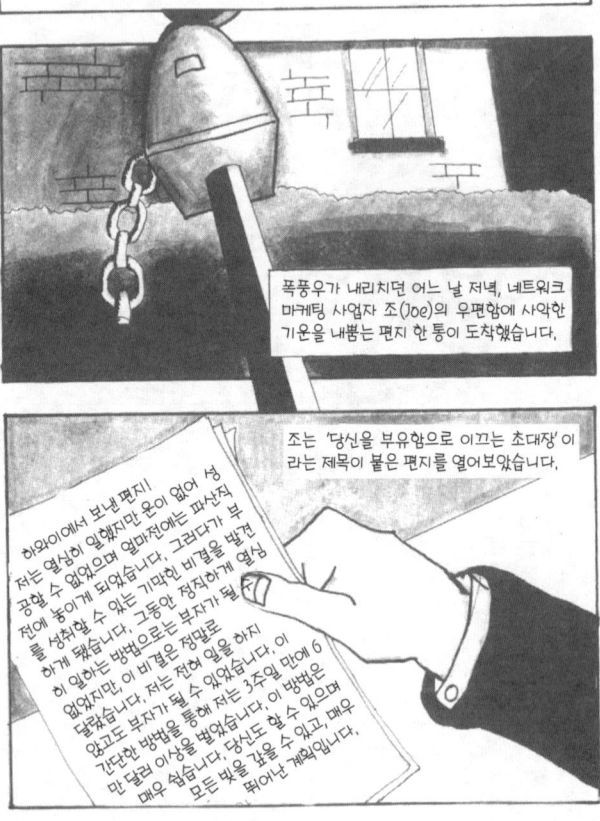

세계 최초의 네트워크 마케팅 만화!

멋쟁이 빅 알의 이야기 -
Big Al

폭풍우가 내리치던 어느 날 저녁, 네트워크 마케팅 사업자 조(Joe)의 우편함에 사악한 기운을 내뿜는 편지 한 통이 도착했습니다.

조는 '당신을 부유함으로 이끄는 초대장' 이라는 제목이 붙은 편지를 열어보았습니다.

하와이에서 보낸 편지.

저는 열심히 일했지만 운이 없어 성공할 수 없었으며 얼마전에는 파산직전에 놓이게 되었습니다. 그러다가 부를 성취할 수 있는 기막힌 비결을 발견하게 됐습니다. 그동안 정직하게 열심히 일하는 방법으로는 부자가 될 수 없고요. 이 비결은 정말로 없었지만, 저는 전혀 일을 하지 않고도 부자가 될 수 있었습니다. 이 달러도 벌 수 있었습니다. 이 방법은 단 한 번을 통해 저는 3주일 만에 6만 달러 이상을 벌었습니다. 이 방법은 매우 쉽습니다. 당신도 할 수 있으며 모든 맛을 갚을 수 있고, 매우 뛰어난 계획입니다.

조는 자신의 목표를 눈앞에 그려봅니다,
'흠…… 저축, BMW 자동차, 타히티로 휴가,
롤렉스시계, 요트, 제트 비행기……'

기대로 가득 찬 조(Joe)는 편지의
두 번째 장을 읽기
시작했습니다,

만약 1%의 응답만 있다면 앞으로 60일 동안 당신은 100만 달러이상을 벌 수 있습니다! 제가 보증합니다! 불쌍하고 바보같이 혹은 너무 머뭇거리며 피곤하게 살지 마십시오, 이것은 단순한 광고성 편지가 아닙니다, 이 편지는 절대적으로 합법적입니다, 이 편지를 다른 사람에게 보내지 않는다고 해서 당신의 애완동물이 죽거나 하는 식의 저주는 절대 발생하지 않습니다,

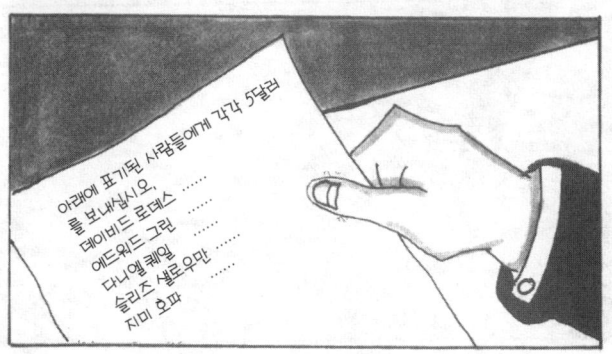

아래에 표기된 사람들에게 각각 5달러
를 보내십시오,
롤 보내십시오 ……
데이비드 로데스 ……
에드워드 그런 ……
다니엘 케일 ……
슬리즈 셜로우만 ……
지미 호파

조는 이제 더 이상 지루한 모임이나 제품을 배달하는 일들을 할 필요가 없을 것이라고 생각했습니다. 그는 오늘 부를 향한 지름길을 발견한 것입니다.

"바로 이거야"!

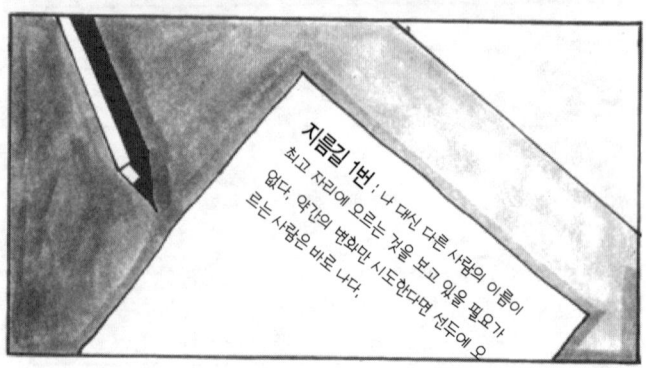

지름길 1번 : 나 대신 다른 사람의 이름이 최고 자리에 오르는 것을 보고 있을 필요가 없다. 약간의 변화만 시도한다면 선두에 오르는 사람은 바로 나다.

지름길 2번

"세상에, 왜 내가 예비사업자의 명단을 입수하기 위해 값비싼 대가를 치러야 하지? 공짜로 수천 명의 명단을 확보할 수 있는데 말이야. 내가 얼마나 많은 돈을 벌 수 있는지 한 번 생각해 봐."

전화번호부

자꾸 전화해서 누군가를 귀찮게 괴롭히세요!

지름길 3번

"회사의 복사기를 공짜로 사용할 수 있는데 왜 값비싼 복사비용을 낭비해야 하지? 이건 정말 좋은 기계야!"

복사기를 사적인 용도로 사용하지 마십시오!

지름길 4번 : 편지를 많이 보낼수록 더 부자가 된다.

우체통

그러나 조가 보낼 편지가 너무 많다고 생각한 우체부는 뭔가 잘못되었다는 생각을 하게 됩니다.

어!#!어!

그리하여 중앙 우체국의 실험실에서 지역 전문가가 과학적으로 조의 편지 하나를 검사합니다.

"좋아. 이 사람을 잡아 와!"

우체국의 비밀회의에서 조의 편지는 국가 안전을 위협하는 것으로 결론이 납니다.

"곧 즐거운 시간이 오겠군!"

우체국 소속 비밀경찰들에게 연행되는 동안, 조는 생각합니다, '내가 사용한 봉투 크기가 잘못된 건가? 발신인 주소를 잘못 썼나? 우체국 직원에게 뇌물을 너무 조금 준 것인가?'

"멍청아, 더 빨리 걸어! 커피 마실 시간에 늦는단 말이야!"

"그래, 서둘러"

조는 그를 위해 준비한 단 하나의 의자에 앉아 우편 검사 국장과 대화를 합니다.

"조, 자네가 이 편지를 보냈다는 걸 시인하지?"

위험!

ON
OFF

고압전류!

"이 편지는 1,000001 온스(역주 : 온스(ounce) - 질량·부피의 단위, 1온스=28.35g) 무게이며, 단 하나의 속달 우표가 붙어 있습니다. 제 의견으로는 일급 절도죄입니다."

"우표를 충분히 붙이지 않는 것은 심각한 우체국 범법 행위입니다."

조는 그의 형편없는 변호사에게 위로를 받습니다.

"가야겠네. 약속시간이 10분밖에 안 남았어. 사형선고에 대해 항소심을 신청해도 되고."

판결은 매우 빨랐습니다. 조는 사형선고보다 더한, 잔인하고도 특수한 선고를 받았습니다.

캥거루법정

"유죄! 유죄! 유죄! 네트워크 사업자 조는 앞으로 일주일 동안 우체국 직원으로 일해야 한다!"

그 후, 조는 그에게 주어진 일주일 선고를 성실하게 실행했습니다. 그는 높은 급여를 받으며 우체국 직원으로 일한 것입니다. 태양이 강렬하게 내리쬐고 있었습니다.

"이봐, 친구! 네가 주문한 피자랑 맥주 왔어!"

"아악!
192 lbs!"

"으으으, 한 번에
한 명만
올라서세요."

그러나 그 일주일간의 실형은 심각한 부작용을 낳았습니다, 조는 살이 10 lbs(역주 : lb=파운드(pound)무게의 단위, 1 lb=0.453Kg) 나 쪘습니다!

"제가 참여하고 있는 네트워크 마케팅 기업의 다이어트용 슈퍼과자는 상자 단위로 구입하면 50달러이고 낱개로는 30달러입니다. 네트워크 마케팅 사업에 참여함으로써 수입을 두 배로 올리고 싶지 않지 않아요?"

슬리즈 샐로우만(역주 : 사람 이름-게으름뱅이)은 조의 딜레마에서 성공의 비결을 찾아냈습니다.

"조, 슈퍼과자 한 상자 값으로 50달러를 내고 이 다이어트용 스티커 값으로 30달러만 내요. 그러면 당신은 오늘 당장 가장 잘 나가는 네트워크 마케팅 기업에 참여하는 것입니다."

게으름뱅이인 데다가 자칭 '인류를 위하는' 슬리즈는 조에게 다양한 종류의 기회를 제공했습니다.

"이 네트워크 마케팅 기업은 다이어트용으로 귀걸이와 담배처럼 피우는 약초들을 제공합니다. 그리고 이 사업에 참여하기 위해서는 89달러만 내면 돼요."

"이 테이프들을 동시에 들으세요. 사업계획 및 비즈니스 키트(kit) 비용으로 100달러만 내면 되는데 대단한 기회 아닙니까!"

자동최면

무의식테이프

"아직 신용카드의 한도가 남아 있다고요? 그렇다면 이 60달러짜리 보디 랩을 한 번 사용해 봐요!"

"조, 당신은 또 다른 네트워크 마케팅 시스템에 더 가입할 만큼 돈이 많군요!"

딩동!

몇 주 후, 조는 그의 거실에서 쉬고 있었습니다.

"마스터 카드에서 물건이 도착했습니다. 물건을 어디에 내려놓을까요?"

조의 창고는 이미 그동안 구입한 제품들로 가득 차 있었습니다. 이 초대형 물건을 놓을 장소가 아직 남아 있을까요?

조는 슬리즈의 용기에 감탄했습니다. 스폰서들이 자신의 다운라인에게 신경 쓰지 않는다는 말은 누가 했습니까!

"으아아악!"

"세상에, 내 인생은 정말 엉망이군. 이보다 더 나빠질 수도 있을까?"

조는 아직 최악의 상황이 닥치지 않았다는 사실을 모르고 있습니다.

죽여라!

마스터 카드 대금을 받으러 다니는 사람들이 조의 집에 모여들었습니다.

조는 공격적인 빚쟁이들을 피하기 위해
특이한 협상 방법을 사용합니다.

"빅 알. 내일 좀 볼 수 있나요?
저에게 문제가 좀 생겨서요."

"조, 얼마 전
'탐욕스럽고 게으른' 슬리즈
씨를 만났다며?"

"조, 당신이 하는 일은 모두 잘못된 것들이야. 우표, 종이, 명단 같은 것에 투자하지 말고 지식에 투자하게."

"좀더 노력하는 일에 초점을 맞추라고. 여섯 개의 서로 다른 시스템에서 일하는 대신, 하나의 탄탄한 시스템에서 열심히 일하게."

"기본부터 다져 나가야지. 이 책을 읽고 당신의 네트워크를 구축하라고!"

『당신의 네트워크에 터보엔진을 달아라!』

리더들에게 보내는 편지

오래 전 어느 유명한 네트워크 마케팅 사업자는 우편을 이용한 성공비결을 다음과 같이 밝힌 바 있습니다.

"리더들에게만 편지를 보내십시오. 당신은 편지를 통해 초보사업자나 신규사업자들을 효율적으로 교육하거나 보조할 수 없습니다. 하지만 리더들은 스스로의 모임을 주선하고 스스로의 네트워크를 관리하며 당신이 참석하지 않더라도 스스로 그룹을 운영할 능력이 있습니다. 그들이 당신에게 원하는 유일한 것은 당신의 지도 및 충고입니다. 그러므로 당신의 편지는 초보사업자나 신규사업자 수준이 아닌 리더들의 수준으로 작성하고 리더들에게 보다 더 집중하십시오."

참으로 일리가 있는 말입니다.

뉴욕에서 몬테나에 살고 있는 초보사업자를 교육하려면 1년에 몇 번씩 미 대륙을 횡단해도 모자랄 것입니다. 하지만 당신은 자본 및 시간의 관점에서 동일한 투자를 하여 효율적으로 몇몇 리더들이 스스로의 네트워크를 구축하도록 지도하고 협력할 수 있습니다.

그리고 당신은 결과적으로 세계 곳곳에 충분한 리더들을 두게 되어 멀리 떨어져 있는 초보사업자도 편지를 통해 가까운 곳에서 훌륭한 리더를 만나도록 할 수 있습니다. 초보사업자들을 위해 당신이 할 수 있는 일은 각 지역의 리더들과 그들을 서로 엮어주는 것입니다.

물론 전화를 걸어주는 것도 좋은 방법이지만, 지역 내에서 사업을 자치적으로 진행할 수 있도록 지원하고 교육하는 일이야말로 초보사업자들이 진정으로 바라고 또한 필요한 일입니다.

그러므로 편지를 사용하여 훌륭한 리더 사업자를 탄생시킬 수 있습니다.

당신은 혹시 뉴욕에 살고 있습니까? 아마 아닐 겁니다. 하지만 잠시 동안 당신이 뉴욕에 살고 있다고 상상해 봅시다. 당신의 네트워크에 참여한 사업자가 먼 거리에 있다고 가정했을 때 당신은 그들에게 편지를 보내서 그들을 리더로 만들 수 있습니다.

그러면 시작해 봅시다.

당신은 인류에게 알려진 가장 뛰어난 네트워크 마케팅 기회를 갖고 있습니다. 또한 이제 막 완벽하게 동기를 부여하는 편지를 써서 나이에 상관없이 가장 훌륭한 자질을 지닌 사람들에게 편지를 보내십시오. 편지만으로도 멀리 떨어져 있는 사업자들에게 가장 훌륭한 지원을 해줄 수 있습니다. 손으로 직접 쓴 편지가 더 효과적일까요? 대답은 '그렇다!' 입니다.

복사하거나 컴퓨터로 출력한 편지와 비교해 볼 때, 손으로 쓴 짧은 편지는 최고 10배의 효과까지 낼 수 있습니다. 우편을 이용해 사업자에게 동기부여를 주고자 한다면 손으로 직접 편지를 쓰도록 하십시오.

이제 편지를 보냅시다.

몇몇 사업자들이 매달 성공을 거두는 비결

네트워크 마케팅 사업자 중에는 몇 달 동안 매우 높은 수입을 기록하다가 그 다음 몇 달 동안은 수입이 급격히 추락하는 사람도 있습니다. 이들이 열심히 일을 함에도 불구하고 이러한 현상은 반복적으로 일어납니다. 그 원인은 과연 무엇일까요?

일부 사업자들은 100달러 이상의 보너스를 한 번도 받아본 적이 없습니다. 그 원인은 무엇일까요?

제 친구 중의 한 명이 얼마 전 저에게 전화를 했을 때, 저는 이 문제에 대해 곰곰이 생각해 보았습니다. 그 친구와 저는 거의 6, 7년 동안 서로 얼굴을 보지 못했습니다. 그는 새롭고 전망이 좋은 다양한 기회들을 따라다녔는데, 그의 계산에 따르면 지난 6년 동안 30여 개 이상의 네트워크 마케팅 회사에 참여했다고 합니다.

하지만 그 모든 사업에서 실패를 맛보았으며, 그의 그룹은 각각의 기회에서 완전한 실패를 경험했습니다.

그 친구는 이렇게 말합니다.

"만약 내가 30여 개의 기회에 쏟아 부은 시간과 열정을 단 하나의 회사에 집중했다면 나는 지금쯤 최고 수준의 커미션과 보너스를 받고 있을 거야. 하지만 지난 6년 동안 내가 해온 일은 정말로 보잘 것 없어. 각각의 네트워크 마케팅 시스템에서 나는 신규사업자에 대한 투자를 아끼지 않았어. 책, 광고, 새로운 신제품을 안내하는 것은 물론이고 교육 및 만남을 위해 비행기 안이나 장거리 전화를 가리지 않았지. 하지만 이러한 투자비를 상쇄할 만큼 큰 보너스를 받기도 전에 이 네트워크 마케팅 시스템들은 모두 실패로 끝났지. 난 그동안 초기에 정말로 많은 돈을 투자했어. 이제 내가 깨달은 사실은 한 기업에 나의 노력과 시간과 열정을 투자하여 그룹을 구축하고 거기에 매진한다면 높은 금액의 보너스를 얻을 수 있다는 점이야. 접촉하는 사람들을 설득하여 전망 좋은 네트워크 마케팅 사업에 참여하도록 했다가 그 후 30일에서 60일 만에 그들에게 사과하는 것을 반복한다면 절대로 성공할 수가 없어. 나에게 호의적이었던 적극적인 사람들도 서 너 번의 시스템이 실패로 끝난 뒤에는 모두 나에게 냉담해졌지."

저는 이 말을 듣고 '그래, 맞아. 10개의 회사에서 일하며 최저 수준의 보너스 및 커미션을 받는 것보다는 한 회사에 충실하면서 최고 수준의 보너스 및 커미션을 얻는 것이 더 나아.' 라고 생각했습니다.

그렇다면 네트워크 마케팅 사업자들이 동시다발적으로 여러 개의 비즈니스에 관심을 갖게 되는 이유는 무엇일까요?

그것은 '자신이 참여한 시스템 중 일부가 파산하거나 운영을 중지할 경우' 를 대비해 자신들의 수입을 보호하기 위해서입니다. 한 개의 그룹이 무너지더라도 다른 회사의 그룹은 아직 살아있기 때문에 파산의 위험은 줄일 수 있겠다는 계산인 것입니다. 일종의 보험같은 것이죠.

그렇기 때문에 일부 사업자들은 여러 시스템에 동시다발적으로 참여하며 그 결과 초기의 지출 및 투자에 많은 노력을 기울입니다. 그러나 저는 이러한 방식에 절대로 동의하지 않습니다.

제가 볼 때, 당신의 모든 시간과 자본을 여러 네트워크 마케팅 기업에 투자하는 대신, 같은 양의 자본과 시간을 알차고 튼튼한 한 가지 시스템에 할애하는 것이 낫다고 생각합니다. 튼튼하고 신뢰할 수 있는 기업을 선택해야만, 당신은 안심하고 100%의 노력을 기울일 수 있습니다.

J. 폴 게티는 그가 가진 모든 계란을 한 바구니에 모조리

담아두고는 그 바구니에서 절대로 눈을 떼지 않았던 것이 부의 비결이라고 합니다.

한 기업에 집중함으로써 얻을 수 있는 이득에는 어떤 것이 있을까요?

첫째, 당신은 더 많은 수입을 올릴 수 있습니다.

10개의 기업에서 가장 낮은 수준의 보너스를 얻는 대신(왜냐하면 각각의 시스템에 당신이 할애할 수 있는 시간은 한정되어 있으므로), 한 기업의 최고 보너스 수준에 집중적으로 노력을 기울이십시오. 최고 수준의 보너스를 서 너 번 받는 것이 10개의 회사에서 얻는 소량의 보너스보다 훨씬 더 낫습니다.

둘째, 서로 다른 방향으로 가는 여러 개의 산만한 다운라인보다는 집중력 있고 목표가 확실한 그룹을 건설하십시오.

다운라인의 수입에 대해 신경을 써주지 않은 채, 당신이 하고 싶은 대로 한다면 당신은 곧바로 다운라인의 붕괴를 목도하게 될 것입니다.

셋째, 당신이 하나의 회사에서 일한다면 당신이 부담해야 할 간접비용이 보다 저렴해집니다. 각각의 시스템에 필요한 간접비는 기본적인 제품 구매 비용, 파트너 사업자에게 소요되는 비용, 교육 및 정보 전달 비용, 미팅 주선 비용, 우편 비용, 전화비 등이며 그밖에도 다른 분야에서 많은 비용이 소요됩니다.

넷째, 다운라인이 당신의 사업 방법을 그대로 복제한다는 사실을 염두에 두십시오.

예를 들어 당신이 시스템 A와 시스템 B에 참여하고 있을 경우, 시스템 B에 참여하고 있는 한 리더가 다음과 같이 말할지도 모릅니다.

"당신이 두 개의 시스템에 참여하고 있으니 저도 그러고 싶어요. 앞으로 시스템 C에 참여할 것입니다. 비록 당신은 시스템 C에서 일하고 있지 않지만, 그 시스템은 제 마음에 들기 때문에 앞으로 제 노력의 50%를 이 시스템에 기울일 것입니다."

당신의 보너스 커미션이 50%로 줄어든다면 기분이 어떨까요? 그것도 그 원인이 당신이 다수의 시스템에 참여하고 있는 것을 다운라인이 그대로 따라 했기 때문이라면 기분이 어떨까요? 물론 당신도 시스템 C에 참여하여 그 리더가 당신 아래에서 일하게 되기를 원할 수도 있습니다. 하지만 이런 식으로 한다면 당신은 앞으로 얼마나 많은 시스템에 참여해야 할까요?

당신의 다운라인에 있는 사업자들이 관심을 보이는 모든 시스템에 참여하는 것은 불가능합니다. 게다가 그들은 새로운 시스템에서 정반대로 당신을 자신들의 다운라인으로 참여시키려 할 것입니다.

그들은 분명 "시스템 A에서 제가 당신의 수입을 많이 올려드렸으니까, 시스템 C에서는 당신이 제 밑에서 일하는 것이 어때요? 이것이 공정하지 않나요?"라고 말할 것입니다.

다섯째, 다른 사업자들이 "당신은 왜 이 시스템에 참여하지 않죠? 이 시스템은 당신이 지금 하고 있는 일을 잘 보조해 줄 수 있을 텐데요."라고 말하는 것에 절대로 귀 기울이지 마십시오.

예를 들어 당신이 현재 다이어트 프로그램을 진행하고 있다면 당신 라인의 사업자 모두는 불가피하게 전화를 많이 사용하게 될 것입니다. 그렇다고 당신이 장거리 전화사업을 보조적으로 함께 꾸려나갈 것입니까? 아니면 전화를 사용할 때마다 보너스를 준다거나 커미션을 주는 것은 어떤가요? 그리고 당신 라인의 모든 사업자들이 샤워를 즐긴다면 목욕용품 프로그램에도 뛰어들 것입니까? 게다가 모두들 1년에 적어도 한 번씩은 휴가를 떠나지요. 그렇다고 그들 모두 여행사 프로그램에 참여시킬 것입니까? 또한 다이어트를 하는 사람들은 양질의 영양분을 필요로 하므로 영양제품 프로그램에도 손댈 생각입니까?

화장품 사업은 모든 사람을 아름답게 보이도록 만듭니다. 또한 금융 관련 프로그램은 집 구입을 고려하는 당신 라인의 모든 사업자들에게 큰 도움이 될 것입니다. 게다가 모든 사람들이 자동차를 운전하고 있는데, 어느 네트워크 마케팅 회사는 전문적으로 자동차 기름 제품을 다루고 있습니다. 세상에! 이런 식으로 따진다면 현존하는 네트워크 마케팅 시스템의 절반 이상을 당신 사업의 보조적 프로그램으로 생각할 수 있겠군요.

보조적인 프로그램은 이론상으로는 그럴 듯하게 보이지만 집중력의 결여로 오히려 주요 프로그램의 성장을 방해합니다.

성공가도를 달리는 소매사업을 한 번 생각해 보십시오.

예를 들어 옷가게를 하는 사업자가 손님 중의 일부가 여행을 즐긴다는 이유만으로 여행사를 보조적으로 개설해야 할까요? 혹은 은행? 아니면 자동차 제조공장? 전화회사? 물론 아닙니다!

이 모든 사업에 손을 댄다면 관리하기가 매우 힘들 것이며 따라서 옷가게는 분명 타격을 받을 것입니다.

사실, 우리 곁에는 훌륭한 사업 및 시스템이 많이 구비되어 있습니다. 당신이 할 일은 그 중에서 자신에게 적합한 하나를 선택하는 것입니다. 그리고 그 시스템에 최선을 다하는 것입니다.

어떤 시스템이 당신에게 가장 적합할까요?

대통령도, 가장 친한 친구도, 그 누구도 그에 대한 대답을 해줄 수 없습니다. 오로지 당신만이 자신의 관심이나 성격, 인생방식에 적합한 프로그램을 결정할 수 있습니다.

평범한 사람이 성공하는 법

네트워크 마케팅 사업에서 큰돈을 버는 것이 그다지 어려운 일은 아닙니다. 이 사업에서 당신이 해야 할 일은 가능한 한 많은 사람들과 접촉하고 이웃에 많은 연줄을 만들어놓거나 몇몇 성공자들을 알아두는 것입니다.

그러나 만약 이러한 방법 중에서 어느 것도 잘 하지 못할 경우에는 어떻게 성공할 수 있을까요?

그 해답은 꾸준한 인내력에 있습니다.(물론 행운도 필요하지만 행운이 계속 한 사람에게 찾아오는 경우란 매우 드문 일입니다.)

네트워크 마케팅 사업에서 당신이 성공할 확률은 매우 높습니다. 대부분의 일반 기업에서는 의무적인 총 경비 및 투자비용 그리고 인건비를 커버하기 위해 직원들이 단숨에 성공하기를 요구하는 경우가 많습니다. 하지만 네트워크 마케팅에서는 당신이 원하는 속도로 사업을 구축해 나갈 수 있습니다. 그리고 당신이 사업을 배우는 동안에는 일반경비 및 그 외의 비용에 대해 걱정할 필요가 없습니다.

당신만의 네트워크 마케팅 사업이 자리 잡기까지 1년, 2년 심지어 몇 년이 걸리더라도 당신이 충분히 오랜 기간 동안 꾸준히 지속한다면 반드시 성공할 수 있습니다.

당신의 성장이 기대에 미치지 못할지라도 하던 일을 꾸준히 지속하기 바랍니다. 당신이 네트워크 마케팅 사업을 오래 지속할수록 당신에게 좋은 일이 일어날 확률은 더욱더 높아집니다.

네트워크 마케팅에서 성공하는데 있어서 시간적인 제한은 없습니다. 당신이 해야 할 일은 성공할 때까지 충분히 그 일을 계속하는 것입니다.

물론 무조건 꾸준히 일하는 것이 전부는 아닙니다.

집에만 머물러 있지 말고 당신의 회사에서 매달 발행하는 신문 및 간행물을 모으십시오. 그렇다고 피나는 노력을 기울일 필요는 없으며 약간의 노력만 기울이면 됩니다. 또한 사업에서 성공을 거두기 위해서는 당신이 끝까지 충실하게 일할 수 있는 회사를 선택해야 합니다.

훌륭한 회사를 선택하여 당신이 매일 조금씩 노력한다면 당신의 성공목표에 매일 한 걸음씩 가까워지게 됩니다. 그러나 만약 90일마다 한 번씩 회사를 바꾼다면 당신은 매번 '처음부터 다시 시작하는 것' 을 반복하는 셈이 됩니다.

만약 당신이 끊임없이 새로 시작한다면 당신의 노력을 결코 축적할 수가 없습니다. 그러므로 한 회사만을 선택해 그곳에서 성공을 다짐하며 열정을 불태우십시오. 그리고 당신이 선택한 그룹 나아가 당신이 선택한 회사의 정상에 도달할 수 있도록 최선을 다하십시오.

10개의 서로 다른 회사들을 선택해 몇 개월 동안 약간의 노력만을 기울인 후, 어느 회사가 가장 좋은가를 고르는 방법은 피하십시오.

성공하려면 노력을 한 곳에 집중해야 합니다. 만약 당신이 각각의 회사에 10분의 1씩 노력을 투자했을 경우, 당신의 실패 원인을 그 10개의 회사에 돌리지 마십시오. 대가를 얻기 위해서는 그만한 노력을 투자해야 합니다.

세상에는 수많은 훌륭한 네트워크 마케팅 회사가 있지만, 당신은 그 모든 회사에서 일할 수 없습니다. 또한 장밋빛 미래를 약속하는 수많은 훌륭한 회사들이 있지만, 당신은 그 모든 회사에서 일할 수 없습니다.

만약 당신이 제너럴모터스에서 일하면서 다른 수많은 자동차 회사에서도 일한다고 가정해 봅시다.

당신이 전적으로 제너럴모터스에 헌신하지 않고 당신의 시간을 포드, 크라이슬러, 혼다, 도요타, 스바루, 닛산 등의 회사에 쪼갤 경우, 제너럴모터스 측에서 당신을 부사장으로 임명하고 싶어 할까요? 각각의 회사에서 하루 한 시간씩 투자하는 방식으로는 어느 기업에서도 절대 최고의 위치에 올라설 수 없습니다.

이 세상에는 좋은 사람들이 많이 있지만 당신은 그들 모두와 결혼할 수 없습니다. 단지 한 명만을 선택해야 합니다.

경험 많은 어느 네트워크 마케팅 사업자는 이렇게 말합니다.

"난 10개의 회사에서 최저 보너스 수준에 머물기보다는 차라리 한 회사에서 최고 보너스 수준을 유지하겠어."

단 하나의 네트워크 마케팅 사업 기회에 초점을 맞추고 매일 당신의 성공을 향한 발판을 다져나가십시오.

사람들이 모두 향하는 방향으로 따라가는 소시민적 근성을 버리십시오. 뭔가 남들과 다른 일을 하십시오. 다른 사람들이 신경 쓰지 않는 부분을 파고들어 새로운 사업자를 찾으십시오. 만약 당신이 언제까지나 대중을 따라간다면 당신의 미래는 분명 지루하고도 어두울 것입니다.

다음의 이야기는 평범한 대중들의 사고방식을 잘 보여줍니다.

옛날 어느 마을에 맹인들이 날고 있었습니다. 마을에 나는 사람들은 모두 맹인이었습니다. 어느 날, 눈이 하나만 있는 사람이 이 마을을 지나치게 되었습니다. 그는 한 쪽 눈으로 다른 맹인들과 다르게 사물을 바라볼 수 있었습니다. 곧 마을 사람들은 그를 '이상한 사람'이라 부르기 시작했습니다. 애꾸눈은 마을 사람들과 친하게 지내려 애썼습니다. 심지어 그는 맹인들의 관점을 그대로 따라하기도 했습니다. 그러나 아무 소용이 없었습니다. 그는 맹인 마을에 적응할 수 없었습니다.

외롭고 스트레스를 받은 나머지 애꾸눈은 상담을 신청했습니다. 애꾸눈의 슬픈 이야기를 다 듣고 난 후, 상담원은 다음과 같이 말했습니다.

"만약 당신의 잘 보이는 눈을 뽑아낸다면 당신은 나머지 맹인들과 조화롭게 잘 날 수 있을 것입니다."

이것이 바로 평범한 대중들이 원하는 것입니다. 대중들은 모든 사람의 수준을 자기 수준으로 끌어내리려 합니다. 그들은 변화나 새로운 아이디어를 싫어하며 다른 사람들이 가자는 대로 따라갑니다.

관점의 문제

　텍사스와 오클라호마는 대학 풋볼 팀의 첨예한 경쟁상대입니다. 그리고 그들의 열성적인 팬들은 어느 누구도 중립적인 태도를 취하지 않습니다.

　어느 날, 한 텍사스 풋볼 팬이 다른 주로 가기 위해 오클라호마를 경유하고 있었습니다.(텍사스 풋볼 팬들은 절대 오클라호마로 가지 않습니다. 그들이 오클라호마에 발을 들여놓는 유일한 이유는 다른 주로 건너가기 위해서입니다.) 이 텍사스 풋볼 팬은 기름을 넣기 위해 오클라호마의 한 주유소에 들렀습니다.

　그 때, 한 작은 소녀가 걸어가다가 갑자기 개의 공격을 받았습니다. 그 개는 소녀의 옷을 찢고 팔을 물어뜯었습니다. 텍사스 풋볼 팬은 작은 소녀의 비명소리를 듣고 그녀를 구하기 위해 달려갔습니다.

　그는 개를 붙잡고 맹렬하게 싸웠습니다. 개가 그의 살을 물어뜯자, 팔과 다리에서 피가 흘렀습니다. 그러다가 마침내 절박한 상황에서 텍사스 풋볼 팬은 개의 앞다리를 강하게 잡아당겨 개를 죽였습니다.

이때, 오클라호마 타임스 신문에 근무하는 한 기자가 이 상황을 모두 지켜보고 있었습니다. 그 개의 숨이 끊어진 후, 신문기자는 텍사스 풋볼 팬에게 다가가 이렇게 말했습니다.

"정말 대단한 영웅이시군요! 내일 신문의 헤드라인으로 전혀 손색이 없겠습니다. 우선 당신의 사진을 찍고 몇 가지 질문을 하겠습니다."

텍사스 풋볼 팬은 팔과 다리에서 흐르는 피를 닦아내고 사진을 찍었습니다.

"내일 신문에 아주 훌륭한 헤드라인과 함께 이 이야기를 실을 예정입니다. 아마도 헤드라인은 '영웅, 작은 소녀를 구하다'가 될 것입니다. 그런데 어디 출신이십니까?"

"텍사스에서 왔습니다."

그러자 그 기자는 잠시 생각한 후, 이렇게 말했습니다.

"아마도 헤드라인을 변경해야 할 것 같습니다. '한 시민, 아이를 구하다'는 어떻습니까? 당신이 텍사스 출신이라는 것은 사실 커다란 흠이 아닙니다. 하지만 당신은 적어도 오클라호마 풋볼 팀을 응원하는 것은 아니겠죠, 안 그래요?"

텍사스 사람은 다음과 같이 대답했습니다.

"나는 광적인 텍사스 풋볼 팬입니다."

신문기자는 기사를 쓰기 위해 그 자리를 떠났습니다. 그리고 텍사스 풋볼 팬은 그곳에 하루 더 머물면서 다음 날 아침 신문기사를 읽겠다는 결심을 했습니다.

다음날 아침, 그 텍사스 사람은 오클라호마 타임스 신문의 1면에서 다음과 같은 헤드라인을 보았습니다.

"한 시민, 애완동물을 죽이다!"

이것은 관점의 문제입니다. 세상의 모든 사람들이 당신이 제공하는 기회나 사업설명 그리고 미팅들을 모두 똑같은 관점으로 바라보지는 않습니다. 당신이 한 예비사업자에게 굉장히 좋은 사업 기회를 제공하고 있다는 생각을 하고 있을 때, 그 예비사업자는 당신의 노력을 그저 자신의 돈을 갈취하려는 짓으로 생각할 수도 있습니다.

감정이입

감정이입이라는 것은 다른 사람의 감정, 상황 그리고 동기에 대한 동일시 및 이해를 말합니다.

당신의 편지에 대한 응답률을 높이고 싶습니까? 그렇다면 감정이입을 사용하십시오.

당신이 속한 그룹의 동기부여를 중대시키고 싶습니까? 그렇다면 감정이입을 사용하십시오.

왜 사람들이 각각 다른 방식으로 반응하는지 이해하고 싶지 않습니까? 그렇다면 감정이입을 사용하십시오.

뛰어난 네트워크 마케팅 리더들은 절대로 제품을 단순히 판매하지 않습니다. 그들은 상대방을 이해합니다.

사업설명 자리에서도 그들은 예비사업자의 관점에서 네트워크 마케팅 사업 기회를 설명하려고 노력합니다. 만약 그 예비사업자가 과거에 과도한 스트레스를 받은 세일즈맨이었으며 그 결과 세일즈에 대해 '매우 나쁜 경험이었다.'라고 생각할 경우, 리더는 그에게 네트워크 마케팅과 세일즈가 본질적으로 다를 수밖에 없는 차이점을 일목요연하게 설명해줄 것입니다. 또한 올바른 선택을 하도록 적절한 충고를 하거나 다른 선택 사항들을 알려줄 수 있습니다.

만약 예비사업자가 생활비를 걱정하고 있을 경우, 리더는 즉각적인 시간제 수입을 강조하게 됩니다.

만약 예비사업자가 그의 친구들이 그를 비난할 것이라고 걱정할 경우, 리더는 우선 친구가 아닌 전혀 모르는 이들에게 제품을 권유하는 방법을 알려줄 수 있습니다.

감정이입의 효율성을 보다 확실히 이해하려면 당신을 설득하고자 하는 상대방이 당신의 관점을 이해하기 위해 감정이입을 사용하는 경우를 상상해 보십시오.

예를 들어 당신이 네트워크 마케팅 사업 기회의 한 예비사업자라고 가정해 봅시다. 당신은 진심으로 시간제 수입을 원하고 있으며 동시에 당신 가족과 알찬 시간을 보내기를 원합니다. 다음의 두 사업설명을 비교해 보십시오.

사업설명 1

"당신은 네트워크 마케팅 사업 기회를 정말로 좋아하게 될 것입니다. 당신은 랠리와 트레이닝, 찬스미팅, 컨벤션, 예비사업자에게 행하는 기회에 대한 사업설명 그리고 매주 열리는 홈 미팅 등에 참여할 수 있습니다.

제가 이 기회에 뛰어든 지는 거의 1년이 다 되어가고 있으며 이제 저는 다른 일은 생각할 수 없을 정도로 이 일에 빠져 있습니다. 저는 하루 24시간 내내 이 일에 매달려 있습니다. 당신 역시 이 일을 저만큼 사랑하게 될 것이라 믿습니다. 이 일에는 일종의 중독성이 있습니다."

사업설명 2

"당신은 네트워크 마케팅이라는 사업 기회를 정말로 좋아하게 될 것입니다. 여기에 소요되는 시간은 단지 매주 몇 시간뿐입니다. 우리의 그룹에는 수많은 성공적인 리더들이 있으며 이들은 매주 여섯 시간의 짬을 내어 사업설명을 실행하고 네트워크를 구축합니다. 그 결과, 이들에게는 가족 및 친구들과 알찬 시간을 보내거나 기타 활동 등을 할 여유가 있습니다. 네트워크 마케팅의 장점은 당신 스스로 일할 시간을 정할 수 있다는 것입니다."

당신의 목표가 시간제 수입 및 알찬 여가시간이라면, 위의 두 가지 중에서 어떠한 사업설명이 더 마음에 와 닿습니까? 누구나 알 수 있듯 첫 번째 사업설명이 단순히 말하는 사람의 이익만을 염두에 두고 있다면 두 번째 사업설명은 감정이입을 잘 보여주고 있습니다.

감정이입은 예비사업자를 위한 사업설명 자리에서도 일정 효과를 거둘 수 있지만, 동시에 네트워크 마케팅 리더의 계발 면에 있어서 더욱더 커다란 효과를 발휘할 수 있습니다. 예를 들어 당신이 '메리'라는 여성 사업자를 차기 리더로 훈련할 계획이라고 합시다.

그렇다면 메리의 배경에 대해 좀더 조사해 보십시오. 그녀는 보수적입니까, 아니면 진보적입니까? 그녀는 단기간에 수입을 올리기를 원합니까, 아니면 장기간 동안 사업을 구축하고 싶어 합니까? 그녀는 적극적인 업 라인 스폰서를 원합니까? 그녀의 사생활은 어떤가요? 그녀는 자신의 현재 직업에 만족하고 있습니까, 아니면 지루함을 느낍니까?

메리가 진정으로 원하는 것을 발견한 후, 그녀가 그것을 성취할 수 있도록 도와주십시오. 업 라인 리더와 미래의 리더가 동일한 목표와 전략을 가지고 같은 마음으로 행동할 때, 기적이 일어납니다.

그렇기 때문에 진정한 네트워크 마케팅 리더들은 미래의 리더들을 알아보고는 그들을 꾸준히 트레이닝하고 그들의 충성심을 자극할 수 있는 방법을 모색하는 반면, 또 다른 네트워크 마케팅 리더들은 의존적인 사업자 수준에 머물고 마는 것입니다.

이것은 앞서 말했던 오클라호마 타임스 신문의 기자와 비슷합니다. 그는 사물들을 완전히 다른 시각에서 바라보았습니다. 다른 사람들의 눈을 통해 사물을 바라보는 법을 익힘으로써 네트워크 마케팅 사업에서 성공을 거두십시오.